Gesetz

für

Maß und Gewicht

und

Eichordnung

für

das Königreich Bayern.

Eine Sammlung der Verordnungen und Bekanntmachungen, welche in Ausführung des Gesetzes vom 29. April 1869 erlassen wurden.

München 1870.
Verlag von R. Oldenbourg.
Wittelsbacherplatz Nr. 4.

Druck von C. R. Schurich in München.

Inhalt.

Gesetz,

die

Maß- und Gewichts-Ordnung

betreffend.

Artikel 1.

Die Grundlage des Maßes und Gewichtes ist das Meter, mit dezimaler Theilung und Vervielfachung.

Artikel 2.

Es gelten folgende Maße und Gewichte:

A. **Längenmaße.**

Die Einheit bildet das Meter. Der zehnte Theil des Meters heißt das Dezimeter, der hundertste das Zentimeter, der tausendste das Millimeter.

Zehn Meter heißen das Dekameter, tausend Meter das Kilometer.

B. **Flächenmaße.**

Die Einheit bildet das Quadratmeter. Hundert Quadratmeter heißen das Ar. Zehntausend Quadratmeter heißen das Hektar.

C. **Körpermaße.**

Die Grundlage bildet das Kubikmeter. Die Einheit ist der tausendste Theil eines Kubikmeters oder ein Kubikdezimeter und heißt das Liter.

Hundert Liter oder der zehnte Theil des Kubikmeters heißt das Hektoliter.

D. **Gewicht.**

Die Einheit des Gewichtes bildet das Kilogramm oder Kilo (gleich zwei Zollpfund). Es ist das Gewicht eines Liters destillirten Wassers bei + 4 Gr. des hunderttheiligen Thermometers.

Das Kilogramm wird in tausend Gramme getheilt mit dezimalen Unterabtheilungen. Zehn Gramme heißen das Dekagramm. Der zehnte Theil eines Grammes heißt das Dezigramm, der hundertste das Zentigramm, der tausendste das Milligramm.

Ein halbes Kilogramm heißt das Pfund. Fünfzig Kilogramm oder hundert Pfund heißen der Zentner.

Tausend Kilogramm oder zweitausend Pfund heißen die Tonne.

Artikel 3.

Ein von diesem Gewichte (Art. 2) abweichendes Medizinal-, Gold-, Silber-, Juwelen- und Perlengewicht findet nicht statt.

Artikel 4.

In Betreff des Münzgewichtes verbleibt es bei den im Art. 1 des Münzvertrags vom 24. Januar 1857 gegebenen Bestimmungen.

Artikel 5.

Die bestehenden Feldmaße bleiben bis auf Weiteres in Geltung.

Artikel 6.

Nach beglaubigten Copien des Urmaßes und des Urgewichtes für den Norddeutschen Bund werden die Normalmaße und Normalgewichte hergestellt und richtig erhalten.

Artikel 7.

Zum Zumessen und Zuwägen im öffentlichen Verkehre dürfen nur in Gemäßheit dieser Maß- und Gewichtsordnung gehörig gestempelte Maße, Gewichte und Waagen angewendet werden.

Der Gebrauch ungestempelter oder nicht im richtigen Stande erhaltener Maße, Gewichte und Waagen ist untersagt, auch wenn dieselben im Uebrigen den Bestimmungen dieser Maß- und Gewichtsordnung entsprechen.

Die näheren Bestimmungen über die äußersten Grenzen der im öffentlichen Verkehre noch zu duldenden Abweichungen von der absoluten Richtigkeit erfolgen im Verordnungswege.

Artikel 8.

Bei dem Verkaufe weingeistiger Flüssigkeiten nach Stärkegraden dürfen zur Ermittlung des Alkoholgehaltes nur gehörig gestempelte Meßinstrumente angewendet werden.

Artikel 9.

Die Bestimmungen darüber, ob und nach welchem Maß-Systeme die Eichung und Stempelung von Garnhaspeln, Gas- und Wassermessern, dann von Kalk-, Kohlen- und Torfmaßen zu geschehen hat, sowie die Bestimmungen darüber, ob und welche Fässer und Schankgefäße der Eichung zu unterwerfen sind, bleiben der Verordnung vorbehalten.

Artikel 10.

Zur Eichung und Stempelung sind nur diejenigen Maße und Gewichte zuzulassen, welche den in Art. 2 dieser Maß- und Gewichtsordnung benannten Größen, oder ihrer Hälfte, sowie ihrem Zwei-, Fünf-, Zehn- und Zwanzigfachen entsprechen. Zulässig ist ferner die Eichung und Stempelung fortgesetzter Halbirungen des Liters.

Artikel 11.

Die Eichung und Stempelung erfolgt ausschließlich durch obrigkeitlich bestellte Personen, welche mit den erforderlichen, nach den Normalmaßen und Gewichten (Art. 6) hergestellten Eichungsnormalen versehen sind.

Die Anfertigung der Eichungsnormale und deren periodisch wiederkehrende Vergleichung mit den Normalmaßen und Gewichten fällt in den Geschäftskreis der Normal-Eichungs-Kommission.

Artikel 12.

Die Vorschriften über die innere Einrichtung und den Geschäftsbetrieb der Normal-Eichungs-Kommission, sowie über die Bestellung, Unterhaltung und den Wirkungskreis der zur Ausführung dieses Gesetzes noch weiter erforderlichen technischen Organe;

die Vorschriften über Material, Gestalt, Bezeichnung und sonstige Beschaffenheit der Maße und Gewichte und der übrigen Meßvorrichtungen, welche zu eichen und zu stempeln sind;

die Bestimmung darüber, welche Arten von Waagen

im öffentlichen Verkehre oder nur zu besonderen gewerblichen Zwecken angewendet werden dürfen, sowie die Festsetzung der Bedingungen ihrer Stempelfähigkeit;

die Vorschriften über das Verfahren bei der Eichung und Stempelung, über die hiebei innezuhaltenden Fehlergrenzen, dann über die Stempel- und Eichzeichen;

die Feststellung der Termine, in welcher die zum Messen und Wägen im öffentlichen Verkehre dienenden Maße, Gewichte, Waagen und Meßvorrichtungen der wiederholten Eichung und Stempelung zu unterziehen sind;

die Bestimmung der Maße, Gewichte, Waagen und Meßvorrichtungen, welche jeder Gewerbetreibende zum Betriebe seines Geschäftes haben muß;

die Vorschriften über die Visitationen der Maße, Gewichte, Waagen und Meßvorrichtungen;

die Festsetzung der Eich- und Visitations-Gebühren — werden der Verordnung vorbehalten.

Artikel 13.

Die bestehenden nach Maß oder Gewicht sich richtenden Rechte oder Verpflichtungen erleiden hinsichtlich des Umfangs durch dieses Gesetz keine Aenderung.

Artikel 14.

Uebertretungen dieses Gesetzes und der auf Grund desselben erlassenen Verordnungen werden an Geld bis zu fünfundzwanzig Gulden bestraft.

Daneben sind die ungestempelten oder nicht im richtigen Stande erhaltenen Maße, Gewichte, Waagen oder Meßvorrichtungen zu konfisziren.

Auf Gewerbtreibende sind obige Bestimmungen schon dann anwendbar, wenn Maße, Gewichte, Waagen oder Meßvorrichtungen, die sie zum Betriebe ihres Geschäftes haben müssen, in ihren Geschäftslokalitäten oder Verkaufsbuden ungestempelt oder nicht im richtigen Stande erhalten vorgefunden werden. Gleiches ist bei Personen der Fall, welche auf öffentlichen Märkten nach Maß oder Gewicht verkaufen und daselbst im Besitz ungestempelter oder nicht im richtigen Stande erhaltener Maße, Gewichte oder Waagen getroffen werden. Die Anwendung oder der Besitz falscher

Maße, Gewichte oder Waagen ist nach den Bestimmungen des Strafgesetzbuches zu beurtheilen.

Artikel 15.

Diese Maß- und Gewichts-Ordnung tritt mit dem 1. Januar 1872 für den ganzen Umfang des Königreiches in Wirksamkeit. Mit diesem Tage sind alle entgegenstehenden früheren allgemeinen oder örtlichen auf Gesetz, Verordnung, polizeilichen Vorschriften oder auf Herkommen beruhenden Vorschriften über das Maß- und Gewichtswesen, dann die Art. 194 und 195 des Polizeistrafgesetzbuches aufgehoben.

Artikel 16.

Die Anwendung der dieser Maß- und Gewichtsordnung entsprechenden Maße und Gewichte ist bereits vom 1. Januar 1870 an gestattet, insoferne die Betheiligten hierüber einig sind.

München, den 29. April 1869.

Reg.-Bl. Nr. 68.

Königlich Allerhöchste Verordnung,

das Material, die Gestalt, die Bezeichnung und sonstige Beschaffenheit der Maße und Gewichte, die Waagengattungen und deren Stempelfähigkeit, das Eichverfahren und die Fehlergrenzen betr.

Ludwig II.

von Gottes Gnaden König von Bayern, Pfalzgraf bei Rhein, Herzog von Bayern, Franken und in Schwaben &c. &c.

Wir verordnen auf Grund des Artikel 12 des Gesetzes vom 29. April l. Js., die Maß- und Gewichtsordnung betreffend, über das Material, die Gestalt, die Bezeichnung und sonstige Beschaffenheit der vom 1. Januar 1872 ab im öffentlichen Verkehr ausschließend geltenden und bereits vom 1. Januar 1870 ab auch im diesrheinischen Bayern zur Eichung und im gewerblichen Verkehre zuzulassenden neuen Maße und Gewichte, über die zur Eichung und Stempelung zulässigen Arten von Waagen und die Bedingungen ihrer Stempelfähigkeit, über das Verfahren bei der Eichung und Stempelung und über die hiebei innezuhaltenden Fehlergrenzen was folgt:

I. Längenmaße.

§. 1.

Zur Eichung und Stempelung werden nur die folgenden Maße zugelassen:

20 Meter,
10 Meter oder 1 Dekameter,
5 Meter,
2 Meter,
1 Meter,
0,5 Meter oder 5 Dezimeter oder 50 Zentimeter,
0,2 Meter oder 2 Dezimeter oder 20 Zentimeter,
0,1 Meter oder 1 Dezimeter oder 10 Zentimeter.

Sämmtliche eichfähige Maße müssen aus einem genügend

festen Metall, oder aus hartem, gut ausgetrocknetem Holze oder aus Elfenbein gefertiget sein.

Die Unterabtheilungen des Meters sollen durch zur Länge des Maßes rechtwinklich und rein gezogene Striche angezeigt sein.

Es dürfen keine andern Theilungen als die des Meters und keine andern gesetzlich nicht gültige Längenmaße aufgetragen sein.

Die Bezeichnung der Maße muß in deutlicher, nicht verwischbarer Schrift, mit dem vollen, in der obigen Zusammenstellung angegebenen Namen geschehen.

Welche der metrischen Bezeichnungen in den Fällen, wo in der obigen Reihe mehrere nebeneinander aufgestellt sind, anzuwenden sei, bleibt dem Belieben überlassen.

§. 2.

Für Maße von 2 Meter Länge abwärts sind folgende Vorschriften zu beachten:

1) Sie müssen gerade, die Querschnitte derselben gleich und von solcher Größe sein, daß eine Verbiegung des Maßes nicht zu besorgen ist.

2) Die Endflächen sollen rechtwinkelig zu den Seitenflächen sein.

3) Die Maße aus Holz müssen aus Einem Stück verfertigt und an ihren Enden mit Metall beschlagen sein.

4) Die Länge des Meters ist in 100 Zentimeter getheilt. Von 10 zu 10 Theilstrichen müssen die Längen 10, 20, 30 . . . durch Zahlen angegeben sein.

Je nach der Bestimmung des Maßes sind auch die Unterabtheilungen in Millimeter aufzutragen entweder der ganzen Länge nach oder nur auf dem ersten Dezimeter, oder ersten Zentimeter.

Die Striche des halben Zentimeters sind länger als die der Millimeter und die der Zentimeter sind kürzer als die der Dezimeter.

5) Maße aus Metall sind in Betreff der Länge und der Theilung den gleichen Vorschriften wie die Maße aus Holz unterworfen.

6) Zusammenlegmaße werden zur Eichung nicht zugelassen.

§. 3.

Die Maße von der Länge von 20 Meter, von 10 Meter (Dekameter), von 5 Meter sind in Kettenform aus Eisendraht von solcher Stärke auszuführen, daß ihre Unveränderlichkeit im Gebrauche gesichert erscheint.

Jedes Kettenglied darf die Länge von einem, von zweien oder von fünf Dezimeter haben, wobei der innere Durchmesser des Ringes mit eingerechnet ist.

Von Meter zu Meter muß der Kettenring aus einem Metall bestehen, welches durch seine Farbe sich von Eisen unterscheidet.

§. 4.

Die Eichungsoperationen, über deren Ausführung in einer besonderen Instruktion nähere Vorschriften ertheilt werden, haben sich bei den Längenmaßen sowohl auf die Gesammtlänge als auf die Eintheilung zu erstrecken.

Zur Stempelung ist nur dann zu schreiten, wenn die Vergleichung mit den Eichungsnormalen erwiesen hat, daß die Gesammtlänge entweder im Zuviel oder im Zuwenig eine größere Abweichung nicht zeigt, als die nachstehende Tabelle angibt, und wenn gleichzeitig die Eintheilung so beschaffen ist, daß der Fehler des Abstandes irgend einer Eintheilungsmarke von dem nächsten der beiden Enden des Maßes nirgends die Hälfte der zulässigen Abweichung der Gesammtlänge desselben übersteigt.

Bezeichnung der Maße.	Länge. Meter.	Zulässige Abweichung. Millimeter.
Präzisions-Maße	1	0,1
aus Metall.	0,5—0,1	0,05
Gewöhnliche Maße	2	0,75
aus Metall oder von 0,5 Meter	1	0,5
ab aus hartem Holze oder Elfenbein.	0,5—0,1	0,25
Maße aus Holz mit Metallbeschlägen	1	1,0
nur in Zentimeter getheilt.	0,5	0,75
Meßketten.	20	3,5
	10	2,25
	5	1,75

§. 5.

Die Stempelung erfolgt dicht an den Enden des Maßes. An den mit Metallkappen versehenen Enden hölzerner Maße ist der erste Stempel halb auf das Holz, halb auf den Metallbeschlag zu setzen.

II. Flüssigkeitsmaße.

§. 6.

Zur Eichung und Stempelung werden Flüssigkeitsmaße nur in folgenden Größen zugelassen:

20 Liter,	1/8	Liter,
10 „	0,1	„
5 „	1/16	„
2 „	0,05	„
1 „	1/32	„
1/2 „ oder 0,5 Liter,	0,02	„
1/4 „		
0,2 „		

Diese Maße müssen aus Zinn, Weißblech, Messing oder Kupfer hergestellt, in den beiden letzten Fällen aber innerlich mit reinem Zinn vollständig und gut verzinnt sein.

§. 7.

In Betreff der Gestalt, der Beschaffenheit und Bezeichnung der Maße wird vorgeschrieben:

1) Maße von 2 Liter Inhalt und die nach der Halbirungstheilung abgestuften kleineren müssen in Form eines Cylinders hergestellt sein, bei welchem das Verhältniß des Durchmessers zur Höhe

für das 2 Liter-, 1 Liter- und 1/2 Liter-Maß	wie 1 : 2
1/4 „ „	„ 1 : 1,9
1/8 „ „	„ 1 : 1,8
1/16 „ „	„ 1 : 1,7
1/32 „ „	„ 1 : 1,6

zu Grunde gelegt wird. Da es schwierig ist, in der Herstellung solcher Maße dieses Verhältniß genau inne zu halten, so sind in der Größe des Durchmessers Abweichungen bis 5% im Mehr oder Weniger gestattet.

Es ergeben sich hiernach für die Dimensionen dieser Flüssigkeitsmaße folgende Werthe in Millimetern.

Größe des Maßes.	Berechnete Dimensionen des Durchmessers mm.	der Höhe: mm.	Der Durchmesser zulässiger Maße darf betragen: höchstens mm.	mindestens mm.
2 Liter	$108,_4$	$216,_7$	114	103
1 "	$86,_0$	$172,_1$	90	82
$^1/_2$ "	$68,_3$	$136,_5$	73	64
$^1/_4$ "	$55,_1$	$104,_8$	58	52
$^1/_8$ "	$44,_0$	$80,_1$	47	42
$^1/_{16}$ "	$36,_0$	$61,_4$	38	34
$^1/_{32}$ "	$29,_2$	$46,_7$	31	28

Die nach der Dezimaltheilung abgestuften Maße von $0,_2$ bis $0,_{02}$ Liter sind zur Vermeidung einer Verwechslung mit den, durch Halbirungstheilung erhaltenen Maßen in Form abgestutzter Kegel auszuführen, bei denen der obere Durchmesser der Abmessung entspricht, welche diese Maße nach den, vorher für die Halbirungstheilung aufgestellten Bedingungen bei cylindrischer Gestalt erhalten würden, und deren unteren Durchmesser das $1^1/_2$fache des oberen ist. Es ergeben sich hienach für die Dimensionen dieser Flüssigkeitsmaße folgende Werthe in Millimetern:

Größe des Maßes.	Berechnete Durchmesser oben mm.	unten mm.	Berechnete Höhe mm.	Der obere Durchmesser darf betragen: höchstens mm.	mindestens mm.
$0,_2$ Liter	$51,_2$	$76,_8$	$61,_4$	54	49
$0,_1$ "	$41,_4$	$62,_1$	$46,_9$	43	39
$0,_{05}$ "	$33,_5$	$50,_3$	$35,_8$	35	32
$0,_{02}$ "	$25,_2$	$37,_8$	$25,_3$	26	24

Maße von 5, 10 und 20 Liter sind cylinderförmig mit engerem cylindrischen Halse von höchstens 10 Zentimeter Durchmesser auszuführen.

2) Die einzelnen Theile der Maße, Böden und Seitenflächen müssen in unveränderlicher Weise mit einander verbunden sein. Die größeren Maße von 20 bis 2 Liter müssen am oberen und am unteren Rande durch aufgelöthete Metallreife, s. g. Bunde verstärkt sein. Vom Liter abwärts sind nur am oberen Rande Bunde erforderlich.

3) Ausgüsse, deren Fassungsraum einen Theil des richtigen Gefäßinhaltes bildet, müssen bis zur vorderen Spitze in derselben Art wie die übrige Grenzfläche des Fassungsraumes verstärkt sein.

4) Auf der äußeren Seite eines jeden Maßes ist in deutlicher, nicht verwischbarer Schrift Name und Inhalt des Maßes anzugeben. Statt des Wortes Liter kann der Buchstabe L gebraucht werden. Als Bruchbezeichnungen sind für die Dezimalabstufungen Dezimalbrüche, für die Abstufungen nach Halbirungen gewöhnliche Brüche zu benützen.

5) Am oberen äußeren Rande muß jedes Maß an zwei diametral gegenüber stehenden Stellen aufgelöthete Zinnblättchen zur Aufnahme des Stempels besitzen.

§. 8.

Das Eichen hat unter Beobachtung der, in der Instruktion der Verifikatoren angegebenen Vorschriften zu erfolgen.

Die Stempelung kann nur dann vorgenommen werden, wenn eine größere Abweichung von dem Sollinhalte im Mehr oder Weniger nicht stattfindet, als folgende:

bei Maßen von

20 Liter	bis	1 Liter	höchstens $^1/_{400}$	des Sollinhaltes,
$0{,}5$ „	„	$0{,}2$ „	„ $^1/_{200}$	„ „
$^1/_8$ „	„	$0{,}02$ „	„ $^1/_{100}$	„ „

§. 9.

In Beziehung auf die Eichung der Schankgefäße und Fässer bleiben die näheren Bestimmungen vorbehalten.

III. Hohlmaße für trockene Gegenstände.

§. 10.

Hohlmaße für trockene Gegenstände werden nur in folgenden Größen zur Eichung und Stempelung zugelassen:

1 Hektoliter	$^1/_2$ oder $0{,}5$ Liter
$^1/_2$ oder $0{,}5$ Hektoliter	$^1/_4$ Liter
20 Liter	$^1/_8$ „
10 „	$^1/_{16}$ „
5 „	$0{,}2$ „
2 „	$0{,}1$ „
1 „	$0{,}05$ „

Diese Maße können in Holz oder in Metall ausgeführt werden.

§. 11.

In Betreff der Gestalt, der Beschaffenheit und Bezeichnung vorstehender Maße wird Folgendes vorgeschrieben:

1) Alle Maße müssen in Form eines Cylinders ausgeführt werden, dessen Durchmesser zur Höhe sich wie 3 zu 2 verhält.

Für die größeren Maße von 1 Hektoliter bis 1 Liter incl. sind im Durchmesser Abweichungen bis zu 3 Proz. und für die kleineren Maße bis zu 5 Proz. zulässig.

Es ergeben sich hienach für die verschiedenen Maßgrößen folgende Durchmesser in Millimetern:

Größe des Maßes.	Berechnete Durchmesser.	Der Durchmesser darf betragen: höchstens	mindestens
1 Hektoliter	575,9 mm.	593 mm.	559 mm.
0,5 "	457,1 "	471 "	443 "
20 Liter . .	336,8 "	347 "	327 "
10 " . .	267,3 "	275 "	259 "
5 " . .	212,2 "	218 "	206 "
2 " . .	156,3 "	161 "	152 "
1 " . .	124,1 "	128 "	120 "
0,5 " . .	98,5 "	103 "	94 "
1/4 " . .	78,1 "	82 "	74 "
1/8 " . .	62,0 "	65 "	59 "
1/16 " . .	49,2 "	52 "	47 "

2) Maße aus Holz müssen aus gut ausgetrocknetem Holz ausgeführt sein. Der Boden derselben muß mit der cylindrischen Wandfläche dicht und dauerhaft verbunden, und der obere Rand muß mit einem eisernen Reif so versehen sein, daß das Gefäß mit eisernem Rande endet.

3) Das Hektoliter und das halbe Hektoliter müssen zur Sicherung der Gestalt einen mit Boden und Wandflächen fest verbundenen Beschlag aus Bandeisen, und zur Leitung des Streichholzes einen oberhalb diametral liegenden Steg besitzen, der mit einer eisernen, lothrecht auf der Mitte des Bodens stehenden Stange fest verbunden ist.

4) Auf Daubenmaßen sind die Dauben einzeln mit den umgelegten Eisenreifen zu verbinden.

5) Maße aus Eisenblech oder Kupferblech müssen zur Sicherung ihrer Gestalt am oberen Rande durch einen Metallreif oder durch einen eingelegten Draht verstärkt sein. Zur Sicherung gegen Rost oder Oxydationen müssen sie mit einem passenden Firniß überzogen sein. Die größeren Maße, Hektoliter und halbes Hektoliter, müssen überdies, wie die Maße aus Holz, mit einem Steg versehen sein.

6) Die Bezeichnung des Inhaltes der Maße muß in deutlicher, nicht verwischbarer Schrift auf der äußeren Fläche bei den zwei größeren Maßen durch 1 H, 0,5 H oder 1/2 H oder Hektoliter, für die kleineren Maße durch die im §. 10 aufgeführten Zahlen und Brüche unter Zufügung von L oder Liter erfolgen.

7) Maße aus Blech besitzen am oberen äußeren Rande an zwei diametral gegenüberstehenden Stellen aufgelöthete Zinnblättchen zur Aufnahme des Stempels.

§. 12.

Beim Eichen sind die in der Instruktion der Verifikatoren angegebenen Vorschriften zu befolgen, und es darf ein Maß nur dann gestempelt werden, wenn bei der Vergleichung mit den Eichungsnormalen entweder in Mehr oder Minder eine größere Abweichung vom Sollinhalte nicht stattfindet, als:

für eine Größe von	bei Maßen aus Metall	bei Maßen aus Holz
1 H und 0,5 H	1/500 des Sollinhaltes	1/250 des Sollinhaltes
20 L bis 1 L	1/400 " "	1/200 " "
0,5 L bis 0,2 L	1/200 " "	1/100 " "
1/8 bis 0,05 L	1/100 " "	1/50 " "

IV. Gewichte.

§. 13.

Die Gewichte können aus Eisen, Messing oder sonst einem nicht minder festen Metall hergestellt werden.

A. Gewichte aus Gußeisen.

§. 14.

Die zur Eichung und Stempelung zulässigen gußeisernen Gewichte sind:

50 Kilogramm oder 1 Zentner,	500 Gramm oder 1 Pfund,
50 Pfund oder 1/2 Zentner,	1/2 Pfund,
20 Kilogramm,	200 Gramm,
10 "	100 "
5 "	50 "
2 "	
1 "	

§. 15.

In Betreff der Gestalt, der Beschaffenheit und Bezeichnung dieser Gewichtsstücke wird vorgeschrieben:

1) Jedes Gewichtsstück muß deutlich und untrennbar die Bezeichnung seiner Gewichtsgröße an der oberen Fläche enthalten. Die Bezeichnung der Einheiten kann in abgekürzter Form, also durch K oder G, oder in vollständiger Angabe des Einheitsnamens bestehen.

Die aus der dezimalen Abstufung der Kilogramm-Reihe heraustretenden Stücke von 50 Pfund und 1/2 Pfund sind nur mit der Bezeichnung 50 Pf. oder 50 ℔ und 1/2 Pf. oder 1/2 ℔ zu versehen.

2) Die Form der Gewichtsstücke ist cylinderförmig. Das Gewichtsstück von 50 Pfund oder einem halben Zentner erhält eine bombenförmige Gestalt. Die Gewichtsstücke der Kilogramm-Reihe von 50 K bis 500 G abwärts erhalten eine Cylindergestalt der Art, daß der Durchmesser gleich ist der Höhe. Gewichtsstücke von 1/2 Pfund sind in Cylindergestalt mit solchen Dimensionen auszuführen, daß die Höhe gleich ist der Hälfte des Durchmessers.

Die Gewichtsstücke von 50 K, 50 ℔ und 20 K sind mit einem schmiedeisernen Griff versehen, der direkt, d. h. ohne fremdes Zwischenmittel, Blei und dergleichen, eingegossen ist.

Gewichtsstücke von 10 K bis 500 G incl. herab, ferner Gewichtsstücke von 1/2 ℔ sind mit einem angegossenen Knopf versehen.

Gewichtsstücke von 200 G, 100 G und 50 G sind in Cylinderform der Art herzustellen, daß die Höhe gleich ist der Hälfte des Durchmessers, und sind ohne Knopf herzustellen.

3) Jedes Gewichtsstück ist an seiner oberen Fläche mit einer kreisrunden Oeffnung versehen, die zu einem Hohlraum im Innern des Gewichtsstückes führt.

Der Hohlraum muß von solcher Größe sein, daß er ausreicht, um durch Füllung mit Eisenschrot oder Blei unter Einrechnung des zum Verschluß anzuwendenden Bleipfropfens das Gewicht richtig zu stellen.

Der Bleipfropfen ist zur Aufnahme des Stempels bestimmt und darf nicht über den Rand der Oeffnung vorstehen.

Die Mündung des Hohlraumes erweitert sich etwas nach Innen, so daß das Blei, auf welches der Stempel aufgetragen wird, dauernd festhält.

4) Gewichte, die unten hohl gegossen sind, dürfen nicht geeicht und gestempelt werden.

5) Gewichte, die größere Poren und Blasenräume an der Oberfläche besitzen oder von Formsand nicht gehörig gereinigt sind, werden von der Eichung und Stempelung ausgeschlossen.

B. **Gewichte aus Messing.**

§. 16.

Die Reihe der Gewichte aus Messing beginnt mit 10 Kilogramm und geht herab bis auf 1 Gramm. Die Reihenfolge ist:

10 Kilogramm,	100 Gramm,
5 „	50 „
2 „	20 „
1 „	10 „ oder 1 Dekagramm,
500 Gramm oder 1 Pfund,	5 „
1/2 Pfund,	2 „
200 Gramm,	1 „

Die Messing-Gewichte müssen die Gestalt eines Cylinders besitzen, dessen Höhe gleich ist dem Durchmesser.

Nur für Gewichte von 1/2 ℔, von 2 und von 1 Gramm ist der Cylinder in solchen Dimensionen auszuführen, daß die Höhe gleich ist der Hälfte des Durchmessers.

In allen Fällen besitzt der Cylinder einen angegossenen Knopf, auf dessen oberer Fläche in Zahlen die Gewichtsgröße und in abgekürzter Bezeichnung die Benennung der Einheit angegeben ist. Das halbe Pfund ist mit der Bezeichnung $^{1}/_{2}$ Pf. oder $^{1}/_{2}$ ℔ zu versehen.

Die Gewichtsstücke bis einschließlich zum Dekagramm herab müssen an der oberen Fläche eine Oeffnung besitzen, welche zu einem Hohlraum im Innern des Gewichtsstückes führt.

In Betreff der Form der Oeffnung und der Größe der Hohlräume sind die gleichen Vorschriften wie bei den gußeisernen Gewichten zu beachten.

Auf Gewichtsstücke von 5 Gramm abwärts wird der Eichstempel unmittelbar auf der oberen Fläche des Cylinders aufgetragen.

C. Gewichte aus anderen Metallen.

§. 17.

Gewichte von $0{,}_5$ Gramm abwärts bis zu einem Milligramm können aus Platinblech, Silberblech und Aluminiumblech ausgeführt werden.

§. 18.

In Betreff der Genauigkeit wird vorgeschrieben:

Jedes zur Eichung vorgelegte Gewichtsstück ist unter Beobachtung des in der Instruktion angegebenen Verfahrens zu prüfen und erst dann durch den Stempel zu beglaubigen, wenn dasselbe höchstens um die nachfolgend angegebene Größe entweder um Zuviel oder Zuwenig von dem Eichungsnormal abweicht.

Größe des Gewichtsstückes.	Gestattete Abweichung a) bei Präcisionsgewichten:	b) bei gewöhnlichen Handelsgewichten:
50 K	$2{,}_5$ G	5 G
50 Pf.	2 „	4 „
20 K	2 „	4 „
10 „	$1{,}_{25}$ „	$2{,}_5$ „
5 „	$0{,}_{625}$ „	$1{,}_{25}$ „
2 „	$0{,}_{300}$ „	$0{,}_{60}$ „
1 „	$0{,}_{200}$ „	$0{,}_{40}$ „
500 G	$0{,}_{125}$ „	$0{,}_{25}$ „
$^{1}/_{2}$ Pf.	$0{,}_{063}$ „	$0{,}_{13}$ „

Größe des Gewichtsstückes.	Gestattete Abweichung a) bei Präcisionsgewichten:	b) bei gewöhnlichen Handelsgewichten:
200 G	$0_{,050}$ G	$0_{,10}$ G
100 "	$0_{,030}$ "	$0_{,06}$ "
50 "	$0_{,025}$ "	$0_{,05}$ "
20 "	$0_{,015}$ "	$0_{,03}$ "
10 "	$0_{,010}$ "	$0_{,02}$ "
5 "	$0_{,006}$ "	
2 "	$0_{,003}$ "	
1 "	$0_{,002}$ "	
$0_{,5}$ "	$0_{,001}$ "	
$0_{,2}$ "	$0_{,001}$ "	
$0_{,1}$ "	$0_{,001}$ "	

§. 19.

Vorhandene, im Gebrauch befindliche Gewichtstücke von konischer Form, wie solche dermalen in der Pfalz eingeführt sind, bleiben, in soweit dieselben mit den in den §§. 14 und 16 bezeichneten Gewichtsgrößen übereinstimmen, zur Eichung und Stempelung zulässig, neue sind aber von der Eichung und Stempelung zurückzuweisen.

V. Waagen.

§. 20.

Zur Eichung zuzulassen sind nur:

1) Gleicharmige Waagen,
2) Schnellwaagen oder römische Waagen,
3) Brückenwaagen,
4) oberschalige Waagen oder Tafelwaagen.

Alle Waagen müssen mit der Bezeichnung ihrer Tragfähigkeit, d. i. der zulässig größten Belastung versehen sein. Diese Bezeichnung muß auf dem Balken der gleicharmigen und der Schnellwaagen durch Zahlen in Kilogrammen in vertiefter Schrift sichtbar gemacht sein. Bei Brückenwaagen ist diese Angabe auch auf einem blechernen Schilde, welches an der vorderen Seite des Gestelles zu befestigen ist, anzubringen.

Die speziellen Bedingungen der Stempelfähigkeit sind in den folgenden Paragraphen enthalten:

A. Gleicharmige Waagen.

§. 21.

1) Der Waagebalken muß aus Metall, gut gearbeitet sein und in seinen beiden Armen eine solche Uebereinstimmung der Gestalt zeigen, daß das bloße Auge keine Verschiedenheit wahrnehmen kann.

2) In der zur Unterstützung dienenden Scheere oder — bei Stativwaagen — in dem Ständer muß der Balken mittelst einer in seiner Mitte unwandelbar befestigten Stahlschneide, deren nach unten gekehrte Schneide in stählernen Pfannen ruht, in einer vertikalen Ebene frei spielen, ohne daß er selbst oder seine Zunge seitwärts anstreifen kann.

3) Die Zunge muß mit dem Waagebalken senkrecht über oder unter der Mittelschneide desselben auf eine unveränderliche Weise verbunden sein. Sie muß eine gerade Linie bilden, die beim Einspielen vertikal steht, während die Mittellinie des Balkens dann eine horizontale Lage hat.

4) Zum Aufhängen der Waagschalen dienen zwei mit ihren Schärfen nach oben gekehrte Stahlschneiden, die mit den Enden des Waagbalkens so verbunden sein müssen, daß sie unter sich und mit der als Drehachse dienenden Mittelschneide parallel sind. Außerdem müssen die Stahlschneiden auf der Ebene des Waagebalkens senkrecht stehen und eine genügende Härtung haben, um gegen eine zu schnelle Abnützung gesichert zu sein.

5) Die Pfannen in den Gehängen der Waagschalen müssen auf den zugehörigen Stahlschneiden ohne alle Klemmungen und seitliche Reibung frei spielen.

Die Art der Aufhängung, bei welcher an den Enden des Waagebalkens statt der nach oben gekehrten Stahlschneiden hohle Pfannen befestiget, die zugehörigen Schneiden aber in den Gehängen angebracht sind, ist fehlerhaft, und darf eine auf diese Weise construirte Waage nicht zur Stempelung zugelassen werden.

6) Der Waagebalken muß für sich ohne aufgehängte Waagschalen im Gleichgewichte sein, d. h. sich horizontal einstellen, und muß gleicharmig sein.

Da es sehr schwierig ist, Waagebalken genau und

gleicharmig herzustellen, so kann eine Abweichung, die nicht mehr als $^1/_{3000}$ der Länge eines Armes beträgt, als unschädlich nachgesehen werden.

7) Der Waagbalken und das Gehänge der Schalen müssen frei von allen Anhängseln und so beschaffen sein, daß der Besitzer eigenmächtig nicht leicht etwas von denselben nehmen oder denselben zufügen kann, ohne daß es bemerkt werde.

An den Schalen zur Ausgleichung angebrachtes Metall soll stets gut angelöthet sein.

8) Die Empfindlichkeit der Waage wird nach dem Uebergewicht beurtheilt, welches bei der bis zur größten Tragfähigkeit belasteten Waage erforderlich ist, um einen merkbaren Ausschlag zu erhalten.

Es werden unterschieden zwei Classen von Waagen, die eine bestimmt zum Wiegen von Waaren, von denen das Kilogramm höchstens 2 fl. kostet, die andere zum Wiegen werthvollerer Waaren. Für die erste Classe wird eine Empfindlichkeit der Art verlangt, daß ein Uebergewicht von $^1/_{1000}$, für die zweite Classe ein Uebergewicht von $^1/_{2000}$ der größten Belastung einen deutlich erkennbaren Ausschlag bewirkt.

Auch muß dieser Ausschlag von beiläufig gleicher Größe sein, rechts oder links, je nachdem das Uebergewicht in die linke oder in die rechte Waagschale gebracht wird.

B. Schnellwaage oder römische Waage.

§. 22.

Die Schnellwaage besteht aus einem ungleicharmigen Balken, der mittelst einer an beiden Seiten vortretenden Stahlschneide in stählernen Pfannen, der sogenannten Scheere, ruht. Eine ebensolche Schneide, nur mit nach oben gekehrter Schärfe, ist am Ende des kurzen Armes angebracht, und diese trägt vermittelst eines gabelförmigen, mit Stahlpfannen versehenen Gehänges einen Doppelhaken zum Aufhängen der Waagschaale, oder zur unmittelbaren Aufhängung der zu wiegenden Körper.

Um das Gewicht der letzteren zu bestimmen, dient ein

unveränderliches Gegengewicht, welches an dem langen Arme des Waagebalkens so aufgehängt ist, daß es versuchsweise hin- und hergeschoben werden kann, bis der Waagebalken in horizontaler Stellung zum Gleichgewicht kommt. Diese Stellung wird durch eine auf dem Waagebalken befestigte in der Scheere frei spielende Zunge angezeigt.

Auf dem langen Arme des Waagebalkens ist eine Theilung mit beigesetzten Zahlen angebracht, um mittelst derselben je nach der Stellung des Laufgewichtes das Gewicht der am kurzen Arm hängenden Last ablesen zu können.

Eine zur Stempelung zulässige Schnellwaage muß folgenden Anforderungen genügen:

1) Der Waagebalken muß von Metall und von solcher Stärke sein, daß selbst bei der größten Belastung eine Biegung des Balkens nicht eintritt.

2) Der Querschnitt des Balkens muß überall im Rechteck mit horizontalen und vertikalen Seiten sein.

Für vorhandene Waagen älterer Construktion sollen vorerst Querschnitte mit Zuschärfungen an dem obern Theile des Waagebalkens und mit Einschnitten für das Laufgewicht gestattet bleiben, ebenso Waagebalken mit Querschnitten eines übereck gestellten Quadrates.

3) Die Stahlschneiden müssen eine genügende Härtung besitzen, um gegen rasche Abnützung gesichert zu sein, und müssen eine solche Zuschärfung haben, daß sie die ebenfalls gehärteten Pfannen nur mit der äußersten Kante berühren.

4) Beide Schneiden müssen so mit dem Waagebalken verbunden sein, daß sie auf der Seitenfläche des letzteren senkrecht stehen, und daß eine durch ihre Schärfen gelegte gerade Linie mit der Zunge einen rechten Winkel bildet.

5) Wird eine Waagschale zur Aufnahme der zu wägenden Gegenstände angewendet, so muß das Gewicht derselben mit Einschluß der zu ihrer Aufhängung dienenden Ketten und des zugehörigen Gehänges eine ganze Zahl von Kilogrammen betragen, welche auf der vorderen Seitenfläche des Gehänges in vertiefter Schrift angegeben sein muß.

6) Das Laufgewicht darf nicht, wie dies bei den ordinären Schnellwaagen zu geschehen pflegt, vermittelst eines

Hakens unmittelbar auf dem Rücken des Waagebalkens hängen, sondern auf letzteren muß eine Hülse geschoben sein, an beiden Seiten mit vorstehenden Stahlschneiden und einem gabelförmigen Gehänge versehen, dessen unteres Verbindungsstück einen Haken zum Aufhängen des Laufgewichtes trägt.

7) Die an beiden Seiten der Hülse vortretenden Stahlschneiden müssen mit ihren nach oben gekehrten Schärfen eine gerade Linie bilden, die mit den Schärfen der beiden früher genannten Schneiden parallel ist. Auch muß diese Linie wo möglich in der durch die beiden ersten Schärfen gelegten Ebene sich befinden; sie darf nie oberhalb derselben und darf höchstens $0,_5$ Zentimeter unterhalb derselben liegen.

8) Das Laufgewicht muß entweder die Gestalt einer Kugel oder die eines stark abgerundeten Cylinders besitzen.

Das Laufgewicht in Verbindung mit dem gabelförmigen Gehänge und der verschiebbaren Hülse bildet das ganze Gegengewicht, welches stets eine ganze, auf der Hülse und auf dem Laufgewicht in vertiefter Schrift angegebene Anzahl von Kilogrammen betragen muß.

9) Die Theilung am langen Arm des Waagebalkens muß auf einer der Seitenflächen desselben angebracht und eine gleichmäßige sein, d. h. je zwei aufeinanderfolgende Theilstriche müssen immer gleiche Entfernungen von einander haben.

10) Die genannten Entfernungen dürfen nicht weniger als 3 Millimeter sein, und die den Theilstrichen beizusetzenden Zahlen dürfen nur die ganzen Kilogramme ausdrücken, während etwa vorkommende Theilstriche für Bruchtheile des Kilogrammes ohne nummerische Bezeichnung zu lassen sind.

11) Die Hülse muß auf dem abgeschrägten Rande der einen Seite, welche über die vorerwähnte Theilung fortgleitet, mit einem scharf eingerissenen senkrechten Striche versehen sein, der als Index dient, um durch das Zusammentreffen desselben mit irgend einem Theilstriche der Skala das entsprechende Gewicht richtig ablesen zu können.

Zur Abwägung größerer und kleinerer Lasten können Schnellwaagen mit zwei Skalen, die eine auf der vordern, die andere auf der entgegengesetzten Seite des Waagebalkens verwendet werden. Der Waagebalken ist in diesem Falle mit zwei Scheeren und zwei Drehungsachsen, in verschiedenen Abständen vom Aufhängungspunkte der Last versehen, und wird umgekantet, je nachdem von der einen oder von der andern Drehungsachse Gebrauch gemacht werden soll. Für beide Skalen gelten die gleichen oben angegebenen construktiven Bestimmungen.

Zur Beurtheilung der Stempelungsfähigkeit solcher Waagen ist also eine doppelte Prüfung nöthig.

Die Richtigkeit der Schnellwaage ist bedingt durch die Eintheilung der Skala, die Größe des Gegengewichtes und durch die Stellung des Zeigerstriches auf der Hülse, an welcher das Gegengewicht aufgehangen ist. Hinsichtlich der Empfindlichkeit einer Schnellwaage wird verlangt, daß sie unter Belastung bis zum Maximum ihrer Tragfähigkeit unter Zufügung von $^1/_{1000}$ dieser Belastung einen deutlich erkennbaren Ausschlag gebe.

C. Brückenwaage.

§. 23.

Im Allgemeinen sollen nur diejenigen Vorrichtungen, welche unter dem Namen der Straßburger Brückenwaage bekannt sind, zur Eichung und Stempelung zugelassen werden.

Die wesentlichen, der Prüfung zu unterwerfenden Bestandtheile der Brückenwaage sind folgende:

1) Der ungleicharmige Waagebalken, dessen Drehpunkt in einer auf dem Ständer befestigten Stahlpfanne angebracht ist, und der am Ende seines längeren Armes die Schale zur Aufnahme der Gewichte trägt. Am kürzeren Arme befinden sich zwei Anfhängpunkte: der am äußersten Ende zur Aufhängung des Tragehebels, und der dem Drehpunkte zunächstliegende, zum Tragen der Brücke dienend.

2) Der unter der Brücke horizontal gelagerte Traghebel ist aus zweien auf der hohen Kante stehenden Eisenstangen in Gestalt eines gleichschenkligen Dreiecks zusammengesetzt. Die Basis dieses Dreiecks bildet das hintere Ende des Traghebels, und hier sind unter den Schenkeln desselben zwei, eine gerade Linie bildende Stahlschneiden be-

festigt, welche, in unbeweglichen Stahlpfannen ruhend, dem Hebel zum Stützpunkte dienen. Mit dem vorderen Ende ist dagegen der Hebel durch eine senkrechte Eisenstange am äußeren Ende des kurzen Armes vom Waagebalken aufgehangen.

3) Die waagerechte Brücke zur Aufnahme der Last. Es wird dieselbe einerseits durch eine am kürzeren Arme des Waagebalkens aufgehangene eiserne Stange getragen, andererseits ruht sie auf zwei Stahlschneiden, die auf den Schenkeln des Traghebels so befestigt sind, daß ihre nach oben gekehrten Schneiden in eine gerade Linie fallen.

4) Zur horizontalen Stellung der Brücke dient ein Loth, welches an der vorderen Seite des den Wagebalken tragenden Ständers so angebracht ist, daß die Spitze desselben senkrecht über einem festen Punkte steht, wenn die Brücke waagerecht steht.

5) Der Regulator, bestehend in einem, am langen Arme des Waagebalkens angebrachten verschiebbaren, kugelförmigen oder cylindrischen Gewichte, um die Gewichte sämmtlicher Theile so auszugleichen, daß bei unbelasteter Waage die Zunge richtig einspielt.

Alle diese Bestandtheile müssen sorgfältig gearbeitet und in solchen Abmessungen ausgeführt sein, wie sie dem Maximum der Tragfähigkeit der Waage entsprechen. Alle Verbindungen zwischen den beweglichen Theilen und die festen Unterstützungen derselben müssen mittelst gehärteter Schneiden und Pfannen so hergestellt sein, daß in denselben eine möglichst freie Drehbewegung ohne merkliche Reibung stattfinden kann.

Am Waagebalken müssen die drei Aufhängepunkte mit dem Unterstützungspunkte des Balkens möglichst genau in einer geraden Linie liegen, und die Schneiden der am Traghebel befestigten Stahlprismen müssen in einer waagerechten Ebene liegen.

In Betreff der Richtigkeit müssen die Brückenwaagen folgende zwei Bedingungen erfüllen:

1) muß es hinsichtlich des zum Gleichgewicht erforderlichen Gegengewichtes gleichgiltig sein, auf welche Stelle der Brücke die zu wägende Last zu legen ist;

2) muß ein bestimmtes Verhältniß zwischen den sich das Gleichgewicht haltenden Gewichten stattfinden, welches Verhältniß kein anderes als das von 1 : 10 sein darf.

Bei Centesimalwaagen treten als wesentliche Bestandtheile der Waage, außer dem unter der Brücke horizontal gelagerten Traghebel, noch zwei andere, ebenfalls horizontal gelagerte Traghebel hinzu, welche das Gewicht der Brücke und deren Belastung auf den ersten Hebel übertragen.

Die Empfindlichkeit der Brückenwaage wird dahin festgesetzt, daß bei größter Belastung der Waage durch Hinzufügung von $^1/_{1000}$ dieser Last ein deutlich erkennbarer Ausschlag eintreten muß.

D. **Oberschalige Waagen oder Tafelwaagen.**

§. 24.

Oberschalige Waagen oder Tafelwaagen sind nur dann zulässig, wenn trotz einer Verschiebung des Gewichtes oder der Last auf verschiedene Stellen ihrer Waagschaalen eine verschiedene Angabe nicht erfolgt; wenn sie bei der ungünstigsten Stellung von Gewicht und Last auf den Waagschalen noch eine innerhalb der im §. 21 vorgeschriebenen Grenzen liegende Empfindlichkeit zeigen, und wenn eine nicht ganz horizontale Aufstellung eine unrichtige Angabe nicht zur Folge hat.

§. 25.

Stempelung.

Die Stempelung der Waagen geschieht durch Anlegung einer Plombe.

Schloß Berg, den 14. September 1869.

Ludwig.

von Schlör.

Auf Königlich Allerhöchsten Befehl:
der Generalsecretär, Ministerialrath v. Cetto.

Reg.-Bl. Nr. 85.

Königlich Allerhöchste Verordnung,

die Normal-Eichungs-Commission, die Verificatoren, die Stempel- und Eichzeichen, die Eichgebühren, die Maß- und Gewichts-Visitationen betr.

Wir finden Uns bewogen, auf Grund des Art. 12 des Gesetzes vom 29. April 1869, die Maß- und Gewichts-Ordnung betr., über die Normal-Eichungs-Commission, die Verificatoren, die Stempel- und Eichzeichen, die Eichgebühren und die Maß- und Gewichts-Visitationen zu verordnen, was folgt:

I. Die Normal-Eichungs-Commission.

§. 1.

Es soll eine Unserem Staatsministerium des Handels und der öffentlichen Arbeiten unmittelbar untergeordnete Normal-Eichungs-Commission mit dem Sitze in München errichtet werden.

§. 2.

Die Normal-Eichungs-Commission wird von Unserem Staatsministerium des Handels und der öffentlichen Arbeiten gebildet:

1. aus einem Beamten dieses Ministeriums als dem Vorstande;
2. aus zwei theoretisch gebildeten technischen Mitgliedern;
3. aus einem praktischen Mechaniker.

Die Aufnahme des erforderlichen unständigen Gehilfen-, Schreiber- und Botenpersonals steht dem Vorstande zu.

Die Normal-Eichungs-Commission führt im Siegel das königliche Wappen mit der Umschrift:

„K. Bayer. Normal-Eichungs-Commission.“

§. 3.

Der Geschäftskreis der Normal-Eichungs-Commission erstreckt sich auf folgende Gegenstände:

1) Aufbewahrung der bayerischen Urmaße und Urgewichte;

2) Beschaffung sämmtlicher Eichungsnormale, Waagen, Stempel und Eichapparate für die Verificatoren;

3) Prüfung der Verificatoren;

4) Beaufsichtigung der Einrichtung und ausübenden Thätigkeit der Verificatoren und der Eichmeister;

5) Controle über die fortdauernde Richtigkeit der den Verificatoren übergebenen Eichungsnormale und Waagen;

6) ausschließliche Eichung und amtliche Beglaubigung der Meßinstrumente zur Bestimmung des Alkohol-Gehaltes weingeistiger Flüssigkeiten;

7) Bescheidung der Beschwerden über das Verfahren der Verificatoren und Eichmeister in technischer Beziehung;

8) endlich ist die Normal-Eichungs-Commission in allen den technischen Theil des Maß- und Gewichtswesens betreffenden Dingen das sachverständige Organ, dessen sich die betreffenden Behörden zu bedienen haben.

§. 4.

Für die Richtigstellung der Eichungsnormale bedient sich die Normal-Eichungs-Commission Copien des bayerischen Urmaßes und Urgewichts.

Diese Copien müssen von Zeit zu Zeit mit dem Urmaße und Urgewichte verglichen werden.

§. 5.

Die Aufbewahrung des Urmaßes und Urgewichts hat in entsprechenden Behältnissen unter doppeltem Verschlusse zu geschehen.

Die Behältnisse müssen daher mit doppelten, unter sich verschiedenen Schlössern versehen sein. Ein Schlüssel zum Behältnisse wird dem Vorstande und der andere einem technischen Mitgliede der Commission nach der Bestimmung des Staatsministeriums des Handels und der öffentlichen Arbeiten anvertraut.

§. 6.

Wegen Anfertigung der Eichungsnormale hat die Commission mit Gießereien und Mechanikern ein Abkommen zu treffen. Es ist zulässig, daß der Mechaniker der Normal-Eichungs-Commission die betreffende Lieferung selbst übernimmt.

Die an die Normal-Eichungs-Commission abgelieferten Gegenstände sind sodann im Locale derselben zu prüfen, soweit nöthig zu justiren, zu stempeln und aufzubewahren.

Zur Beurkundung der erfolgten Prüfung ist jedem Eichungsnormale bei der Ausantwortung an den Verificator ein Zeugniß beizugeben, welches von dem Vorstande und einem technischen Mitgliede der Commission unterzeichnet sein muß.

Die Stempel der Normal-Eichungs-Commission bestehen aus dem bayerischen Rautenschilde und den darunter gesetzten Buchstaben N. E. C. Ganz kleine Gegenstände werden nur mit dem Rautenschilde gestempelt.

§. 7.

Die Leitung der Geschäfte, des Ganges und der Formen steht dem Vorstande zu

Unser Staatsministerium des Handels und der öffentlichen Arbeiten wird durch eine besondere Entschließung jenes technische Mitglied der Commission bezeichnen, welches berufen sein soll, den Vorstand in Behinderungsfällen zu vertreten.

§. 8.

Aller Einlauf wird von dem Vorstande geöffnet und präsentirt. Die Repartition der Geschäfte wird von demselben nach Benehmen mit den technischen Mitgliedern der Commission entworfen.

§. 9.

Die Ausfertigungen werden vorbehaltlich der Bestimmung des §. 6 nur von dem Vorstande unterzeichnet.

Die Normal-Eichungs-Commission berichtet in der vorgeschriebenen Form an die Ministerien und empfängt von diesen die geeigneten Entschließungen.

Die Correspondenz zwischen der Commission und den centralisirten, dann den Kreisstellen geschieht durch Schreiben, wie sie für coordinirte Stellen vorgeschrieben sind.

Entschließungen der Normal-Eichungs-Commission ergehen an die ihr unterstellten technischen Organe, welche ihrerseits bei den Berichten und Eingaben die Form der Unterordnung einzuhalten haben.

Die Normal-Eichungs-Commission ist übrigens ausnahmsweise ermächtigt, nach ihrem Gutbefinden auch mit solchen Behörden in unmittelbares Benehmen zu treten, welche anderen Stellen untergeben sind. Die Correspondenz geschieht alsdann in Form der Schreiben, doch haben sich die requirirten Behörden bei Erledigung der Requisitionen einer der höheren Stellung der Normal-Eichungs-Commission angemessenen Schreibart zu bedienen.

§. 10.

Die technischen Mitglieder der Commission dürfen nur mit Vorwissen und Zustimmung des Vorstandes Dienstreisen vornehmen. In Bezug auf Reisekosten-Entschädigung und Taggelder haben die allgemeinen Normen in Anwendung zu kommen.

§. 11.

Ueber den Functionsbezug des Mechanikers ist ein Abkommen mit demselben zu treffen. Die Festsetzung der Bezüge des unständigen Personales steht dem Vorstande zu.

II. Verificatoren für Maß und Gewicht.

§. 12.

Die Eichung und Stempelung der Maße, Gewichte und Waagen umfaßt eine erstmalige Verification und periodisch wiederkehrende Verificationen.

§. 13.

Zur Vornahme der Verification werden besondere Sachverständige aufgestellt. Sie führen den Titel „Verificatoren für Maß und Gewicht.“

§. 14.

Die Aufstellung der Verificatoren erfolgt in widerruflicher Weise durch das Staatsministerium des Handels und der öffentlichen Arbeiten.

§. 15.

Die Function eines Verificators wird nur Personen übertragen werden, welche

1) das 30. Lebensjahr zurückgelegt haben;

2) die erforderlichen persönlichen Garantien besitzen;

3) ihre Befähigung (soferne solche nicht anderweitig feststeht) durch eine an der Normal-Eichungs-Commission abzulegende Prüfung nachgewiesen haben.

Im Uebrigen haben die Bestimmungen Unserer Verordnung vom 6. April 1869, „die Anstellung von Unteroffizieren, Gendarmen und Soldaten im subalternen Civildienste betr.," in Anwendung zu kommen.

§. 16.

Die Prüfungen der Verificatoren sind durch ein technisches Mitglied der Normal-Eichungs-Commission im Beisein des Vorstandes vorzunehmen und haben sich zu erstrecken auf die nöthigen theoretischen, mathematischen und physikalischen Grundlagen alles Maß- und Gewichtswesens, die in Bayern bestehenden gesetzlichen und verordnungsmäßigen Bestimmungen über Maß und Gewicht und auf die nöthige Vertrautheit mit der genauen technischen Ausführung aller beim Eichgeschäft vorkommenden Operationen.

Für den Unterricht der Verificatoren werden von Zeit zu Zeit an der Normal-Eichungs-Commission Lehrkurse abgehalten werden.

§. 17.

Die Zahl der Verificatoren, die Sitze und Bezirke derselben bestimmt das Staatsministerium des Handels und der öffentlichen Arbeiten nach Einvernahme der Normal-Eichungs Commission und der Kreisregierungen, Kammern des Innern.

§. 18.

Die Verificatoren stehen unter der Aufsicht der Distrikts-Polizei-Behörden, der Kreisregierungen, Kammern des Innern, und der Normal-Eichungs-Commission.

In Bezug auf den technischen Theil ihres Geschäftes haben sie nur von der Normal-Eichungs-Commission Anordnungen zu empfangen und mit derselben unmittelbar zu verkehren.

Die Normal-Eichungs-Commission hat von Zeit zu Zeit und zwar in der Regel durch ein technisches Mitglied die Geschäftsführung der Verificatoren in formeller wie in materieller Beziehung prüfen zu lassen.

Ueber den Befund ist an Ort und Stelle mit bündiger Kürze eine Registratur aufzunehmen. Die Ergebnisse der Visitation werden von der Commission beschieden.

Die Kreisregierungen, Kammern des Innern, haben durch besonders beauftragte Aufsichtscommissäre, welche in der Regel dem Personale des Rechnungscommissariates zu entnehmen sind, von Zeit zu Zeit den nicht technischen Theil der Geschäftsführung eines jeden Verificators prüfen zu lassen und die Protokolle der Normal-Eichungs-Commission zur weiteren Verfügung mitzutheilen.

§. 19.

In allen die Ausübung der Aufsicht auf das Maß- und Gewichtswesen betreffenden Dingen verkehren die Verificatoren unmittelbar mit den Polizei-Behörden.

§. 20.

Die Verificatoren werden vor der Uebernahme ihrer Function bei der Distrikts-Polizei-Behörde ihres Wohnortes auf die gewissenhafte, unparteiische und treue Erfüllung der ihnen zukommenden Obliegenheiten eidlich verpflichtet.

§. 21.

Die Verificatoren dürfen sich nicht ohne vorgängige Urlaubsbewilligung aus ihrem Amtsbezirke entfernen. Urlaub auf die Dauer von 8 Tagen kann die einschlägige Distrikts-Polizei-Behörde, einen Urlaub von längerer Dauer die vorgesetzte k. Kreisregierung, Kammer des Innern, ertheilen, welche zugleich die entsprechenden Anordnungen in Bezug auf die Geschäftsführung und auf die Remunerirung des Stellvertreters, wenn die Bestellung eines solchen nöthig wird, zu treffen hat.

§. 22.

Die Uebernahme von Neben-Geschäften setzt die Zustimmung der k. Kreisregierung, Kammer des Innern, und der Normal-Eichungs-Commission voraus.

Der Handel mit Maßen, Gewichten, Waagen und sonstigen Meßvorrichtungen darf den Verificatoren niemals gestattet werden.

§. 23.

Die Verificatoren erhalten von der Normal-Eichungs-Commission:

1) ein Metermaß in Messing mit Millimetertheilung;
2) an Flüssigkeitsmaßen:
10, 2, 1, $^1/_2$, $^1/_4$, $^1/_8$, $^1/_{16}$ und $^1/_{32}$ Liter, dann 0,2; 01; 0,05; und 0,02 Liter aus Messingblech;
3) an Hohlmaßen für trockene Gegenstände;
1 Hectoliter,
$^1/_2$ oder 0,5 Hectoliter,
20, 10, 5, 2, 1, $^1/_2$, $^1/_4$, $^1/_8$ und $^1/_{16}$ Liter, dann 0,2; 0,1; und 0,05 Liter;
4) an Gewichten;
a. aus Gußeisen:
50 Kilogramm,
50 Pfund,
20 und 10 Kilogramm,
b. aus Messing:
5, 2, 1 Kilogramm,
500 Gramm oder 1 Pfund,
$^1/_2$ Pfund,
200, 100, 50, 20, 10, 5, 2, 1 Gramm, 0,5; 0,2; 0,1; 0,05; 0,02; 0,01 Gramm;
5) drei Waagen verschiedener Größe zum Justiren der Gewichte;
6) die erforderliche Anzahl von Stempeln.

§. 24.

Für den täglichen Gebrauch haben die Verificatoren auf ihre Kosten von der Normal-Eichungs-Commission zu beziehen:

1) ein Metermaß in Gußstahl mit Millimetertheilung;
2) je einen zweiten Satz der in §. 23 sub Ziffer 2 und 3 aufgeführten Maße,

3*

3) an Gewichten:
   a. aus Gußeisen:
      50 Kilogramm,
      50 Pfund,
      20, 10, 5, und 2 Kilogramm,
   b. aus Messing:
      1 Kilogramm,
      500 Gramm oder 1 Pfund,
      $^1/_2$ Pfund,
      200, 100, 50, 20, 10, 5, 2, 1 Gramm; 0,5; 0,2; 0,1; 0,05; 0,02; 0,01 Gramm;

Ferner haben die Verificatoren alle zum Eichen und Justiren nöthigen Werkzeuge und Geräthschaften selbst anzuschaffen.

§. 25.

Die Verificatoren dürfen die im §. 23 aufgeführten Eichnormale nur zur Controlirung der zum täglichen Gebrauche bestimmten Maße und Gewichte (§. 24) benützen. Die Verificatoren sind verpflichtet, die Eichnormale (§. 23) gut aufzubewahren und haben solche, so oft sich Zweifel ergeben, außerdem alle drei Jahre nebst den Waagen der Normal-Eichungs-Commission mit dem nach §. 6 ausgestellten Zeugnisse einzusenden, welche die Eichnormale wie die Waagen zu prüfen, soweit nöthig zu justiren und dann unter Bemerkung des Befundes auf dem Zeugnisse wieder zurückzusenden hat, ohne Kosten zu fordern.

Finden sich so große Abweichungen, daß sie ohne Beeinträchtigung des Charakters als Eichungsnormale nicht berichtigt werden können, so sind die unrichtigen Gegenstände zurückzubehalten und richtige mit neuen Zeugnissen hinauszugeben.

§. 26.

Jeder Verificator hat die ihm zur Eichung und Stempelung überbrachten, für den öffentlichen Verkehr bestimmten neuen Gegenstände, deren Eichung in seinen Geschäftskreis fällt, und die nach den Bestimmungen Unserer Verordnung vom 14. Sept. 1869 (R.-B. Nr. 68) überhaupt zur Annahme geeignet sind, in Bezug auf ihre

Richtigkeit den Vorschriften der gedachten Verordnung entsprechend zu prüfen und alsdann nur diejenigen zu stempeln, welche größere als die noch zulässigen Abweichungen von der Richtigkeit nicht zeigen.

Die Stempel der Verificatoren bestehen aus dem bayerischen Rautenschilde und der darunter gesetzten Jahreszahl, für ganz kleine Gegenstände aus dem Rautenschilde mit den Endziffern der Jahreszahl.

§. 27.

Die Verificatoren sind verpflichtet, an den Gegenständen, die bei dieser Prüfung noch nicht stempelfähig befunden wurden, solche Berichtigungs-Arbeiten auszuführen, welche sich innerhalb der Grenzen der im Verkehre noch zulässigen Abweichungen halten und für welche sie die erforderlichen Einrichtungen besitzen.

Weitergehende Berichtigungs-Arbeiten bleiben, soweit nicht anderweite Anordnungen darüber getroffen werden, der Privatverständigung der Betheiligten überlassen.

§. 28.

Die Verificatoren haben, soweit sie nicht durch auswärtige Dienst-Verrichtungen in Anspruch genommen sind, zu den Verifications Geschäften in ihrem Wohnsitze bereit zu stehen.

In Gemeinden, in welchen den Verificatoren ein ständiges Eichlocal eingeräumt ist, werden dieselben mit Genehmigung der Districts-Polizeibehörde die Tage und Stunden festsetzen und bekannt geben, an welchen die Eichgeschäfte vorgenommen werden.

§. 29.

Ist der Transport der zu eichenden Gegenstände in das Eichlocal mit Schwierigkeiten verbunden, oder würde derselbe dem Fabricanten übergroße Kosten verursachen, so kann sich derselbe mit dem Verificator über die Vornahme der Eichung und Stempelung in den Fabrik-Localitäten verständigen.

In solchen Fällen gebührt dem Verificator außer seiner Gebühr eine Reisekosten-Entschädigung von 18 kr.

für jede geometrische Stunde sowohl der Hinreise als der Zurückreise und eine Taggebühr von drei Gulden.

Die Transportkosten für die Eichungsnormale werden nicht besonders vergütet.

§. 30.

Sämmtliche im öffentlichen Verkehr befindlichen Maße, Gewichte nnd Waagen müssen von den Eigenthümern von Jahr zu Jahr einer wiederholten Eichung und Stempelung durch den Verificator des Bezirks unterstellt werden. Bei den Längenmaßen genügt eine Verification von zwei zu zwei Jahren.

Der Verificator hat den Bürgermeistern oder deren Stellvertretern die Tage und Stunden anzugeben, zu welchen er die periodische Verification vornimmt, beziehungsweise zu deren Vornahme in den einzelnen Gemeinden sich einfindet. Die Bürgermeister resp. Stellvertreter haben sodann hierüber die erforderliche Bekanntmachung zu erlassen und in derselben das Local zu bezeichnen, wohin die Betheiligten ihre Maße, Gewichte und Waagen zu bringen haben.

Solche Maße, Gewichte und Waagen, die wegen ihres größeren Raumumfanges oder wegen ihrer Schwere oder wegen sonstiger Ursachen nicht gut in das Verificationslocal gebracht werden köunen und durch die Eigenthümer nicht dahin gebracht werden, sind am Orte der Aufstellung zu verificiren und bezieht der Verificator außer seiner Gebühr eine Entschädigung von 15 kr. für jeden Gang, wobei die etwaigen Kosten des Transportes der Eichnormale aus dem Verificationslocale an Ort und Stelle und zurück nach Maßgabe des wirklichen Kostenaufwandes noch besonders zu vergüten sind.

Unser Staatsministerium des Handels und der öffentlichen Arbeiten ist ermächtigt, für minder verkehrreiche Gegenden periodische Verificationen von zwei zu zwei Jahren anzuordnen.

§. 31.

Die Verificatoren erheben für die ausgeführten Eichungsarbeiten an den ihnen überbrachten Gegenständen die in dem beigedruckten Tarif festgesetzten Gebühren. Ermäßigungen oder Erhöhungen der Gebühren sind unbedingt untersagt.

Die Auslagen für etwa verwendetes Material dürfen die Verificatoren besonders in Anrechnung bringen. Die Maße, Gewichte und Waagen der Gemeinden haben die Verificatoren unentgeldlich zu eichen und zu stempeln.

§. 32.

Die Verificatoren haben über die von ihnen ausgeführten Prüfungen Eichscheine auszustellen, auf denen zugleich über die Gebühren und Auslagen Quittung ertheilt wird.

§. 33.

Von dem Ertrage der Eichgebühren hat der Verificator drei Viertheile als Besoldung und Entschädigung zu beziehen, der Rest ist zur Bildung eines Fondes bestimmt, auf welchen die Kosten der Nachschaffungen an Eichungs-Normalen, Waagen, Stempel u. s. w. übernommen werden.

Die näheren Vorschriften über die Erhebung der Eichgebühren, die Controle und Verrechnung werden von Unserem Staatsministerium des Handels und der öffentlichen Arbeiten erlassen werden.

§. 34.

Gemeinden oder Districten, welche dem Verificator ihres Bezirkes ein entsprechendes Eichlocal bereit stellen, und die Anschaffung und Unterhaltung der im §. 23 aufgeführten Gegenstände übernehmen, wird das nach Abzug der Besoldung und Entschädigung des Verificators verbleibende $1/4$ der Eichgebühren überlassen.

§. 35.

Die Verificatoren haben nach Maßgabe eines von der Normal-Eichungs-Commission auszugebenden Schemas jährlich eine Zusammenstellung der von ihnen ausgeführten Eichungsarbeiten anzufertigen und der Normal-Eichungs-Commission vorzulegen.

§. 36.

Ueber den Wirkungskreis, die Bestellung und Unterhaltung der Eichmeister werden Wir bei Regelung der Frage über die Eiche der Fässer besondere Bestimmungen treffen.

III. Visitationen.

§. 37.

Die örtliche Polizei ist verpflichtet, die im Gebrauche befindlichen Maße, Gewichte und Waagen von Zeit zu Zeit zu untersuchen.

Behufs der entsprechenden Vornahme dieser Visitationen haben die Gemeinden folgende Maße, Gewichte und Waagen anzuschaffen.

1. An Längenmaßen:

einen Meter aus Holz mit Metallbeschlägen in Centimeter getheilt; und

2. An Flüssigkeitsmaßen:

1, $^1/_2$, $^1/_4$, $^1/_8$, $^1/_{16}$ Liter aus Zinn oder Weißblech, Messing oder Kupfer.

3. An Hohlmaßen für trockene Gegenstände:

1, $^1/_2$ Hectoliter, dann
20, 10, 5, 2, 1, $^1/_2$, $^1/_4$, $^1/_8$, $^1/_{16}$ Liter von Messingblech.

4. An Gewichten:

ein Kilogramm mit seinen Unterabtheilungen; Gemeinden von mehr als zweitausend Seelen haben überdieß ein 2, ein 5 und ein 10 Kilogrammgewicht von Eisen anzuschaffen.

5. An Waagen:

eine gleicharmige Waage, um ca. 5 Kilogramm wiegen zu können; Gemeinden von mehr als 2000 Seelen haben überdieß eine gleicharmige Waage, auf welcher 50 Kilogramm gewogen werden können, anzuschaffen.

Gemeinden, welche Sitz eines Verificators sind, und demselben die im §. 24 aufgeführten Maße und Gewichte zur Verfügung stellen, ist die Anschaffung der sub Ziff. 1 bis 5 aufgeführten Maße, Gewichte nnd Waagen, dann Gemeinden, in welchen der Verkauf von Getreide und anderen trockenen Waaren nach dem Gewichte eingeführt ist, oder eingeführt werden will, die Anschaffung der oben bezeichneten Hohlmaße für trockene Gegenstände erlassen.

IV. Schlußbestimmungen.

§. 38.

Gegenwärtige Verordnung soll bis zum 1. Januar 1872 im ganzen Umfange des Königreichs durchgeführt sein.

Mit der Bildung der Normal-Eichungs-Commission haben die Bestimmungen der Allerhöchsten Verordnung v. 28. Februar 1809, „die Einführung eines gleichen Maßes und Gewichtes betr." soweit mit denselben die Aufsicht über die Verfertigung gleicher Maße und Gewichte dem Haupt-Münzamte übertragen war und die Vorschrift der Allerhöchsten Verordnung vom 25. December 1859, die Einführung eines Normalmaßes zur Bestimmung des Alkoholgehaltes weingeistiger Flüssigkeiten betr., welche die Eichung und amtliche Beglaubigung dieser Instrumente dem mathematisch physikalischen Institute an der k. Ludwigs-Maximilians-Universität zu München überwiesen hatte, außer Wirksamkeit zu treten.

Mit der Aufstellung eines Verificators werden die bisher in dem betreffenden Bezirke bestandenen Eicheinrichtungen aufgehoben.

Die Verificatoren in der Pfalz bleiben in Function, werden aber, was die dienstlichen Verhältnisse und die Geschäftsführung anlangt, den Bestimmungen dieser Verordnung unterworfen.

Die periodischen Eichungen haben im dießrheinischen Bayern im Jahre 1872 ihren Anfang zu nehmen.

Hohenschwangau, den 23. November 1869.

Ludwig.

v. Schlör.

Auf Königlich Allerhöchsten Befehl:

der Generalsecretär, Ministerialrath v. Cetto.

Gebührentaxe

für das Eichen und Stempeln der Maße, Gewichte und Waagen.

Längenmaße:

20; 10; 5 Meter je 5 kr.
2 „ je 3 kr.
1; 0,5 „ je 2 kr.
0,2; 0,1 „ je 1 kr.

Flüssigkeitsmaße:

20; 10; 5 Liter je 9 kr.
2 „ je 4 kr.
1 „ je 3 kr.
$^1/_2$; $^1/_4$; $^1/_8$; $^1/_{16}$; $^1/_{32}$ „ je 2 kr.
0,2; 0,1; 0,05; 0,02 „ je 2 kr.

Für Milchmaße wird die Hälfte bezahlt.

Cylinder-Gefäße zum Oel- oder Erdöl- (Petroleum-) Verkauf:

Ganzer Liter mit Unterabtheilungen 6 kr.
Halber „ . . . . 4 kr.

Hohlmaße für trockene Gegenstände:

1 Hektoliter 15 kr.
$^1/_2$ „ 9 kr.
20 Liter . 4 kr.
10 „ 2 kr.
5; 2; 1 „ je 1 kr.
$^1/_2$; $^1/_4$; $^1/_8$; $^1/_{16}$ „ je 1 kr.
0,2; 0,1; 0,05 „ je 1 kr.

Gewichte:

I. In Eisen:

50 Kilogramm 9 kr.
50 Pfund 5 kr.
20; 10; 5 Kilogramm je 5 kr.
2; 1 „ je 2 kr.

500 Gramm (Pfund) 2 kr.
$1/2$ Pfund . . . 2 kr.
200; 100; 50; 20; 10; 5; 2 und 1 Gramm je 1 kr.

II. In Messing.

5; 2 Kilogramm je 6 kr.
1 „ je 4 kr.
500 Gramm (Pfund) 3 kr.
$1/2$ Pfund 3 kr.
200; 100; 50; 20; 10; 5; 2 und 1 Gramm je 1 kr.

Waagen:

A. Gleicharmige Waagen und Tafelwaagen.

Von einer Tragkraft	II. Classe.	I. Classe.
bis 1 Kilogramm	2 kr.	6 kr.
Von 2 bis 5 Kilogramm	3 kr.	9 kr.
„ 6 „ 20 „	7 kr.	15 kr.
„ 21 „ 50 „	12 kr.	
„ mehr als 50 „	20 kr.	

B. Römische Waagen.

Von 1—50 Kilogramm Tragkraft	6 kr.
„ 51—100 „ „	9 kr.
„ 101—150 „ „	12 kr.
„ 151—200 „ „	18 kr.
„ 201—250 „ „	24 kr.
„ mehr als 250 „ „	30 kr.

C. Decimal-Waagen.

bis 10 Kilogramm Tragkraft	6 kr.
Von 11—50 „ „	9 kr.
„ 51—250 „ „	18 kr.
„ 251—500 „ „	24 kr.
„ mehr als 500 „ „	36 kr.

D. Centesimal-Waagen.

bis 500 Kilogr. Tragkraft	— fl. 30 kr.
Von 501—2500 „ „	1 fl. — kr.
„ mehr als 2500 „ „	1 fl. 45 kr.

Die Gebühren für das Eichen der Holzmaße und der graduirten oder ausgestifteten Flüssigkeitsmaße werden besonders festgesetzt werden.

Reg.-Bl. Nr. 96.

Königlich Allerhöchste Verordnung,

die Bestimmung der Maße, Gewichte und Waagen, welche jeder Gewerbetreibende zum Betriebe seines Geschäftes haben muß, betr.

Wir finden Uns bewogen, auf Grund des Art. 12 Abs. 5 des Gesetzes vom 29. April laufenden Jahres, „die Maß- und Gewichtsordnung betr.“, hinsichtlich der Maße, Gewichte und Waagen, welche jeder Gewerbetreibende zum Betriebe seines Geschäftes haben muß, zu verordnen, was folgt:

§. 1.

Gewerbetreibende, welche mit Eisen und anderen Metallen handeln, die Großhändler von Material-, Specerei- und anderen Waaren, die Kohlen-, Coaks- und Kalkhändler, die Fruchthändler, die Tabakhändler, die Heu- und Strohhändler, die Mehl-, Oel-, Gyps- und Knochenmüller, die Papierfabrikanten, Waffenschmiede, Kupferschmiede, Glashändler, Stärkefabrikanten, die Gerber und Lederhändler u. dergl. sollen, wenn sie mit einer Brückenwaage oder mit einer Schnellwaage wiegen, wenigstens Gewichtsstücke zu 5, 2, 1 Kilogramm und zu 500 Gramm oder 1 Pfund, dann zu $^1/_2$ Pfund, ferner zu 200, 100, 50, 20, 10 Gramm, wenn sie aber mit gleicharmigen Waagen wiegen, außerdem noch Gewichtsstücke zu 50, 20, 10 Kilogramm führen.

§. 2.

Die Metzger, Seifensieder, Lichterzieher und Seiler sollen in der Regel den Bestimmungen des §. 1 unterliegen.

Treiben sie jedoch ausschließlich Kleinhandel, so genügt es, wenn sie eine gleicharmige Waage von mindestens 10 Kilogramm Tragkraft mit den Gewichten von 5 Kilogramm bis zu 10 Gramm abwärts besitzen.

§. 3.

Die Specerei- und Materialhändler in den Städten sollen die im §. 1 benannten Gewichte jedoch hier bis zu einem Gramm abwärts und nebst diesen noch das Liter mit seinen Unterabtheilungen führen.

Bei dem Verkaufe von Oel nach dem Maße müssen besondere Literabtheilungen in Anwendung kommen.

§. 4.

Die nämlichen Händler in Landgemeinden sollen mindestens mit der gleicharmigen Waage von mindestens 10 Kilogramm Tragkraft und den Gewichten von 5 Kilogramm bis zu 1 Gramm abwärts und mit den in §. 3 bezeichneten Flüssigkeitsmaßen versehen sein.

§. 5.

Gewerbetreibende, welche mit Zuckerwerk und Tabak im Kleinen handeln, die Gold- und Silberarbeiter und Verkäufer von Eßwaaren sollen Gewichtsstücke von 1 Kilogramm bis 1 Gramm abwärts besitzen.

§. 6.

Die Bäcker, dann Händler mit Mehl und anderen Nahrungsstoffen unterliegen den Bestimmungen des §. 2, müssen aber in allen Fällen mit der gleicharmigen Waage und den dazu gehörigen Gewichten von 5 Kilogramm bis 1 Gramm abwärts versehen sein.

Für die Bäcker jedoch, welche nicht mit Mehl, Dürrgemüse, gerollter Gerste, Hirse, Kleien und anderen Waaren handeln, ist es hinreichend, wenn ihr schwerstes Gewicht dem Gewichte des Teiges vom schwersten Brode, wie es nach Ortsgebrauch gebacken wird, gleich ist.

Auch der Müller unterliegt den Bestimmungen dieses Paragraphen, wenn er den Mehlhandel im Kleinen treibt.

§. 7.

Krämer mit kurzen Waaren müssen Gewichte von 1 Kilogramm bis zu 1 Gramm abwärts und das Meter haben.

§. 8.

Händler mit langen Waaren müssen ebenfalls das Meter und, wenn sie zugleich mit kurzen Waaren handeln, auch Gewichte von 1 Kilogramm bis zu 1 Gramm abwärts haben.

§. 9

Die Bauhandwerker, die Pflasterer, die Schreiner, Wagner, Küfer, Tapezierer und die Händler mit Brettern und Latten müssen das Meter besitzen.

§. 10.

Die Weber, sowie die Hanf- und Flachshechler sollen mit einer Waage von mindestens 5 Kilogramm Tragkraft und mit den entsprechenden Gewichten versehen sein, wenn sie wiegen, oder mit dem Meter, wenn sie messen.

§. 11.

Gewerbetreibende, welche an verschiedenen Plätzen einer Gemeinde Läden oder Werkstätten halten, müssen in jedem Laden und in jeder Werkstätte die für das betreffende Gewerbe vorgeschriebenen Maße, Gewichte und Waagen führen.

§. 12.

Es ist verboten, die Maße und Gewichte mit Bezeichnungen zu versehen, welche sich auf die alten Maße und Gewichte beziehen.

§. 13.

Bei Waaren, welche im Stück oder in Paketen mit der Bezeichnung eines bestimmten Gewichtes verkauft werden, kaun der Käufer jederzeit verlangen, daß der Verkäufer die Richtigkeit des angegebenen Gewichtes durch Nachwägen beweist.

§. 14.

Gegenwärtige Vorschriften treten mit dem 1. Januar 1872 für den ganzen Umfang des Königreiches in Wirksamkeit.

Hohenschwangau, den 19. December 1869.

Ludwig.

von Schlör.

Auf Königlich Allerhöchsten Befehl:
der Generalsekretär Ministerialrath v. Cetto.

Reg.=Bl. Nr. 59.

Bekanntmachung,

den Vollzug des Gesetzes vom 29. April l. Js., die Maß= und Gewichtsordnung betr.

Staatsministerium des Handels und der öffentlichen Arbeiten.

Im Vollzuge des Gesetzes vom 29. April l. Js., die Maß= und Gewichtsordnung betr., werden in nachstehender Tabelle die Verhältnißzahlen für die Umrechnung der im diesrheinischen Bayern bisher giltigen Maße und Gewichte in die durch das Gesetz vom 29. April l. Js., die Maß= und Gewichtsordnung betr., festgestellten neuen Maße und Gewichte bekannt gemacht.

Bezüglich der Holzmaße wird eine besondere Bekanntmachung erfolgen.

Die bestehenden Feldmaße bleiben nach Art. 5. des Gesetzes vom 29. April l. Js. bis auf Weiteres in Geltung.

München, den 13. August 1869.

Auf Seiner Königlichen Majestät Allerhöchsten Befehl.

v. Schlör.

Durch den Minister:
der Generalsecretär, Minist.=Rath v. Cetto.

Verhältniß-

Altes Maß.	Neues Maß.
	I. Längen-
1 bayer. Fuß zu 12 Zoll oder zu 144 Linien = $129^{38}/_{100}$ Pariser Linien	= 0,2918592 Meter.
1 Zoll	= 2,43216 Zentimeter.
1 Linie	= 2,0268 Millimeter.
1 bayer. Klafter zu 6 Fuß	= 1,751155 Meter.
1 geometrische Ruthe zu 10 Fuß	= 2,918592 Meter.
1 bayer. Elle zu 2 Fuß $10^1/_4$ Zoll . . .	= 0,833015 Meter.
1 geometrische Stunde, Post- oder Wegstunde = 12,703 Fuß	= 3,70749 Kilometer.
	II. Flächen-
1 bayer. Quadratfuß zu 144 Quadratzollen	= 0,085182 □ Meter.
1 Quadratzoll	= 5,9154 □ Zentimeter.
1 Quadratlinie	= 4,1079 □ Millimeter.
1 Quadratklafter zu 36 Quadratfuß . . .	= 3,0665 □ Meter.
1 Quadratruthe zu 100 Quadratfuß . .	= 8,5182 □ Meter.
1 Tagwerk od. Morgen zu 400 Quadratruth.	= 34,07272 Are.
	III. Körper-
1 Kubikfuß	= 0,024861 Kubikmeter
1 Kubikzoll	= 14,38721 Kubikzentm
	IV. Hohlmaße für
1 bayer. Maßkanne zu 43 Dezimal-Kubikzoll	= 1,06903 Liter.
1 bayerischer Eimer zu 64 Maß oder zu 2,752 Kubikfuß	= 68,4177 Liter.
	V. Getreid-
1 bayer. Metzen zu $34^2/_3$ Maßkannen . .	= 37,0596 Liter.
$^1/_2$ " " Viertel genannt	= 18,5298 Liter.
$^1/_4$ " " halbes Viertel genannt . .	= 9,2649 Liter.
$^1/_8$ " " Maßl genannt	= 4,6325 Liter.
$^1/_{16}$ " " halbes Maßl genannt . .	= 2,3162 Liter.
$^1/_{32}$ " " Dreißiger genannt . . .	= 1,1581 Liter.
6 Metzen-Maß, Schäffel genannt . . .	= 2,22358 Hektoliter.
	VI. Handels-
1 bayer. Pfund zu 32 Loth	= 560 Gramm.
1 Loth à 4 Quentchen	= 17,5 Gramm.
1 Quentchen	= 4,375 Gramm.
1 Zentner zu 100 Pfunden	= 56 Kilogramm.
	= 1 Zt. 12 Pfd. Zollgew.

Zahlen.

Neues Maß.		Altes Maß.
Maße.		
1 Meter	=	3,42631 Fuß.
1 Zentimeter	=	0,41116 Zoll.
1 Millimeter	=	0,4934 Linie.
1 Kilometer	=	0,269724 Stunde.
1 Meter	=	0,57105 Klafter.
1 Meter	=	0,34263 Ruthe.
1 Meter	=	1,20046 Elle.
Maße.		
1 Quadratmeter	=	11,7396 Quadratfuß.
1 Quadratzentimeter	=	0,16905 Quadratzoll.
1 Quadratmillimeter	=	0,24343 Quadratlinie.
1 Ar	=	32,610 Quadratklafter.
1 Ar	=	11,7396 Quadratruthen.
1 Hektar	=	2,9349 Tagwerk.
Maße.		
1 Kubikmeter	=	40,2235 Kubikfuß.
1 Kubikzentimeter	=	0,069506 Kubikzoll.
Flüssigkeiten.		
1 Liter	=	0,93543 Maßkannen.
1 Hektoliter	=	1,46161 bayer. Eimer.
Maße.		
1 Hektoliter	=	2,69836 Metzen.
1 Hektoliter	=	5,3967 Viertel.
1 Hektoliter	=	10,79342 halbe Viertel.
1 Hektoliter	=	21,58685 Maßl.
1 Hektoliter	=	43,17370 halbe Maßl.
1 Hektoliter	=	86,34739 Dreißiger.
1 Hektoliter	=	0,44973 Schäffel.
Gewicht.		
1 Kilogramm oder Kilo = 1000 Gramm = 2 Zollpfund	=	1,785715 bayer. Pfund.
1 Dekagramm	=	2,2857 Quentchen.
1 Gramm	=	0,22857 Quentchen.

Altes Maß.	Neues Maß.
	VII. Medicinal- und
1 Pfund (Libra) = 12 Unzen	= 360 Gramm.
1 Unze = 8 Drachmen	= 30 Gramm.
1 Drachme = 3 Skrupel	= 3,75 Gramm.
1 Skrupel = 20 Gran	= 1,25 Gramm.
1 Gran	= 0,0625 Gramm.
	VIII. Gold-, Silber-, Juwelen-
1 bayer. Mark zu 16 Loth	= 280 Gramm.
1 Loth zu 16 Pfenningen	= 17,5 Gramm.
1 Pfenning	= 1,09375 Gramm.
1 Krone (Goldgewicht)	= 3,24799 Gramm.
1 Sechzehntel	= 0,20300 Gramm.
½ "	= 0,10150 Gramm.
¼ "	= 0,05075 Gramm.
1 Dukaten (Goldgewicht)	= 3,49038 Gramm.
1 Sechzehntel	= 0,21815 Gramm.
½ "	= 0,10907 Gramm.
¼ "	= 0,05454 Gramm.
Das holländische Juwelenkarat	= 20,5894 Zentigramm.

Neues Maß.		Altes Maß.

Apotheker-Gewicht.

Neues Maß.		Altes Maß.
1 Kilo = 1000 Gramm . .	=	2 Libra 9 Unzen 2 Drachmen und 2 Skrupel.
1 Gramm	=	16 Gran.
1 Dezigramm	=	1,6 Gran.
1 Zentigramm	=	0,16 Gran.

und Perlen-Gewicht.

Neues Maß.		Altes Maß.				
1 Kilogramm	=	3 Mark	9 Loth	2,28571 Pfenning.
1 Dekagramm	=	— „	— „	9,14286 „
1 Gramm	=	— „	— „	0,91429 „
1 Kilogramm	=	307 Kronen		14,11891 Sechzehntel.
1 Dekagramm	=	3 „		1,26119 „
1 Gramm	=	— „		4,92612 „
1 Dezigramm	=	— „		0,49261 „
1 Zentigramm	=	— „		0,04926 „
1 Kilogramm	=	286 Dukaten		8,02732 „
1 Dekagramm	=	2 „		13,84027 „
1 Gramm	=	— „		4,58403 „
1 Dezigramm	=	— „		0,45840 „
1 Zentigramm	=	— „		0,04584 „
1 Gramm	=	4,8569 holländische Juwelenkarate.		

Reg.-Bl. Nr. 92.

Bekanntmachung,

die Beschaffenheit der Gewichte betr.

Es ist die Frage in Anregung gebracht: ob für gußeiserne Gewichte, welche nach der Allerhöchsten Verordnung, §. 15 Ziff. 2, eine Cylindergestalt besitzen sollen, nicht eine, für das Auge kaum erkennbare Verjüngung von unten nach oben, von etwa $1/2$° bis 1°, je nach der Größe des Gewichtsstückes, zulässig erscheine.

Eine für das Auge kaum erkennbare Abweichung von der Cylindergestalt ist um so weniger zu beanstanden, als bei gegossenen Gewichten eine exacte Cylindergestalt immer nur annähernd erreicht werden kann. Eine Verjüngung von unten nach oben, welche bei den kleineren Gewichtsstücken, bis 1 Kilogramm incl., einen Grad und bei den größeren Gewichtsstücken einen halben Grad nicht überschreitet, hat zum Erfolg, daß der obere Durchmesser des Gewichtsstückes um kaum mehr als $1\,1/2$ m.m. kleiner wird, als der untere und demnach eine für das Auge kaum erkennbare Abweichung bildet.

Bezüglich der kreisrunden Oeffnungen zur Aufnahme des Justirbleies ist festzuhalten, daß die Größen der Durchmesser derselben sich nach der Größe der Gewichtsstücke richten. Für kleinere Gewichtsstücke bis incl. 500 Gramm aufwärts, muß der Durchmesser der Justiröffnung mindestens 3 m.m. betragen, für die Gewichtsstücke 1 und 2 Kilogramm mindestens 7 m.m., und für alle größeren Gewichtsstücke mindestens 11 m.m.

Der an die Mündung sich anschließende Kanal, der zum Hohlraum im Innern des Gewichtes führt, muß nach der Allerhöchsten Verordnung, §. 15 Ziff. 3, der Art sein, daß das Justirblei dauerhaft befestiget werden kann. Ein kurzer cylindrischer Kanal von etwa 5 m.m. Länge erscheint am geeignetsten. Für gußeiserne Gewichte ist es zur dauerhafteren Befestigung des Justirpfropfen erforderlich, dem Mündungskanal eine konische Form zu geben (s. Fig. 1), während es bei Messinggewichten sich empfiehlt, mit grobem Gewindbohrer einen oder zwei Schraubengänge in den Kanal einzuschneiden. (S. Fig. 2.)

Fig. 1.

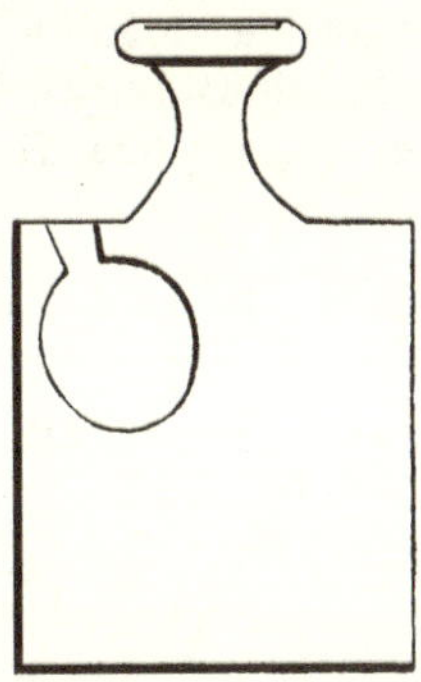

Fig. 2.

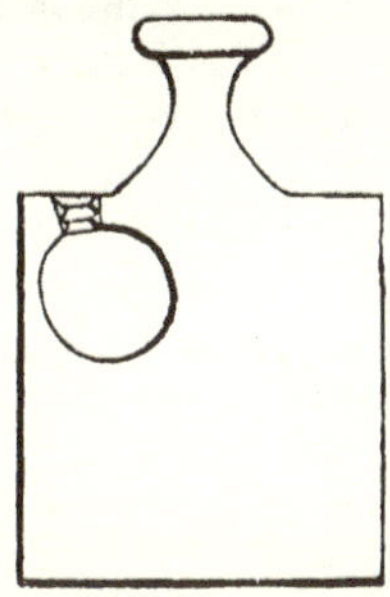

In Betreff der Bezeichnung ist durch die Allerhöchste Verordnung, §. 15 Ziff. 1, bestimmt, daß solche deutlich und untrennbar an der oberen Fläche des Gewichtsstückes anzubringen sei.

Bei den Gewichtsstücken mit Knopf reicht die Fläche des Knopfes zur Aufnahme der Bezeichnung der Gewichtsgröße aus. Wenn auch Gewichtsstücke mit Kopfschrift für zweckmäßiger zu erachten sind, so können doch Gewichtsstücke, bei denen sich die Bezeichnung der Gewichtsgröße auf der oberen Fläche des Gewichtsstückes ähnlich wie bei den Gewichten ohne Knopf befindet, nicht für unzulässig erachtet werden. In allen Fällen ist aber bei gußeisernen Gewichten erhabener Schrift der Vorzug zu geben.

Gewichte aus Messing erhalten ihre Bezeichnung in eingravirter oder in eingeschlagener Schrift.

Andere Bezeichnungen als die in der Allerhöchsten Verordnung §. 18 vorgeschriebenen sind nicht zulässig.

Das Gewichtsstück von 50 Kilogramm darf nur die

Bezeichnung 50 K., das von 50 Pfund nur die Bezeichnung 50 ℔ erhalten u. s. w.

Obgleich die decimale Abstufung des Gewichts die Herstellung eines Proportionalgewichtes für Decimal- und Centesimalwaagen als minder erforderlich erscheinen läßt, so sollen doch Gewichtsstücke, welche hinter der, ihre eigene Schwere bestimmenden Hauptbezeichnung in Klammern das 10 oder 100fache derselben angegeben enthalten, und sie dadurch als für Decimal- oder Centesimalwaagen bestimmt kennzeichnen, deshalb nicht von der Eichung und Stempelung ausgeschlossen werden.

München, den 17. December 1869.

Königliche Normal-Eichungs-Commission.

Reg.-Bl. Nr. 1.

Bekanntmachung,

die Erhebung, Controle und Verrechnung der Gebühren für das Eichen und Stempeln der Maße, Gewichte und Waagen betr.

Staatsministerium des Handels und der öffentlichen Arbeiten.

Im Vollzuge des §. 33 Abs. 2 der Allerhöchsten Verordnung vom 23. November l. Js., die Normal-Eichungs-Commission, die Verificatoren u. s. w. betr., werden nachstehende Vorschriften erlassen.

I.

Die Gebühren für die Eichung und Stempelung aller Maße, Gewichte und Waagen mit Ausnahme jener der Gemeinden werden nach dem der Allerhöchsten Verordnung vom 23. November l. Js., die Normal-Eichungs-Commission u. s. w. betr., beigefügten Tarif berechnet, und von dem Verificator in Empfang genommen.

Der Tarif muß in dem Eichlocale angeschlagen sein, oder zur Einsicht aufliegen.

II.

Der Verificator ist verpflichtet, über sämmtliche Einnahmen ein Register nach Anleitung des am Ende dieser Bekanntmachung enthaltenen Musters Nr. 1 zu führen.

Das Einnahme-Register muß von der betreffenden Districtspolizei-Behörde geziffert sein. Das erste und letzte Blatt hat den Stempel dieser Behörde zu tragen.

III.

Der Verificator ist verbunden, über die Zahl und Beschaffenheit der geeichten und gestempelten Maße, Gewichte und Waagen, dann über den Betrag der erhobenen Gebühren eine Bescheinigung nach Anleitung der am Ende dieser Bekanntmachung angefügten Muster Nr. 2 und 3 auszustellen.

Diese Bescheinigung wird durch einen wellenförmigen Schnitt vom Register getrennt.

IV.

Alle Vierteljahre hat der Verificator das Einnahme-Register der betr. Districts-Polizeibehörde in Vorlage zu bringen, welche dasselbe zu revidiren und abzuschließen hat.

Der nach Abzug der Besoldung und Entschädigung des Verificators verbleibende Betrag ist von dem Verificator an die Normal-Eichungs-Commission, beziehungsweise an jene Gemeinden oder Districte abzuliefern, welchen derselbe in Gemäßheit des §. 34 der Allerhöchsten Verordnung vom 23. November l. Js., die Normal-Eichungs-Commission, die Verificatoren u. s. w. betr., überlassen ist.

V.

Zeigen sich in der Buchführung und Geschäftsbehandlung Mängel, so ist die Districtspolizeibehörde verpflichtet, den Verificator darauf aufmerksam zu machen und zur Beseitigung aufzufordern. Bleiben derartige Aufforderungen unbeachtet, so ist hierüber Anzeige an die vorgesetzte k. Kreisregierung, Kammer des Innern, zu erstatten, welche sodann die weitere sachgemäße Verfügung zu treffen hat.

Hat der Verificator unterlassen, den Betrag der erhobenen Gebühren in das Register einzutragen, oder hat derselbe die erhobenen Gebühren nur theilweise in Einnahme gestellt, so tritt, vorbehaltlich der etwa veranlaßten strafrechtlichen Einschreitung, nach Umständen Entlassung ein.

München, den 31. Dezember 1869.

Auf Seiner Königlichen Majestät Allerhöchsten Befehl.

v. Schlör.

Durch den Minister:
der General-Secretär, Ministerialrath v. Cetto.

Formular.

Regierungsbezirk

. . . .

Amtsbezirk . . . .

Einnahme-Register

über die

Gebühren für das Eichen und Stempeln der Maße, Gewichte und Waagen.

Gegenwärtiges Register, enthaltend . . . . . Blätter, wovon das erste und letzte mit dem Siegel der unterfertigten Behörde versehen und die übrigen von derselben geziffert sind, dient dem Verificator für Maß und Gewicht des Bezirkes . . . . zur Eintragung aller durch ihn geeichten und gestempelten Maße, Gewichte und Waagen und der dafür erhobenen Gebühren.

den 187

---

1. Blatt.

	fl.	kr.	
Nr. Heute den 187 wurden von . . . . wohnhaft in . . . . zur Eichung und Stempelung vorgelegt und gegen nachstehende Gebühren gestempelt. Partial fl. kr. **(Muster Nr. 1.)** Total			VERIFICATION FÜR MASS & GEWICHT
Nr. Heute den 187 wurden von . . . . zur Eichung und Stempelung vorgelegt und gegen nachstehende Gebühren gestempelt. Partial fl. kr. Total			
Nr. Heute den 187 wurden von . . . . wohnhaft in . . . . zur Eichung und Stempelung zugelassen und gegen nachstehende Gebühren gestempelt. Partial fl. kr. Total Seitenbetrag . . .			

Verzeichniß der Maße, Gewichte und Waagen, für deren Eichung und Stempelung die hier ausgeworfenen Gebühren bezahlt wurden.	fl.	kr.
(Muster Nr. 2.)		
Im Ganzen . . .		

Verzeichniß der Maße, Gewichte und Waagen, für deren Eichung und Stempelung die hier ausgeworfenen Gebühren bezahlt wurden.	fl.	r.
Im Ganzen . . .		

Verzeichniß der Maße, Gewichte und Waagen, für deren Eichung und Stempelung die hier ausgeworfenen Gebühren bezahlt wurden.	fl.	kr.
Im Ganzen . . .		

Einnahm-Register Nr.

Von . . . .

(Muster Nr. 3.)

wohnhaft in . . . .
wurden unter'm Heutigen für Eichung und Stempelnng der jenseits angegebenen Maße, Gewichte und Waagen die da verzeichneten Gebühren im Ganzen mit . . . . . bezahlt, worüber diese Quittung.

Gegeben zu . . . .
den . . ten 187

Der Verificator des Bezirks.

Einnahm-Register Nr.

Von . . . .
. . . .
wohnhaft in . . . .
wurden unter'm Heutigen für Eichung und Stempelung der jenseits angegebenen Maße, Gewichte und Waagen die da verzeichneten Gebühren im Ganzen mit . . . . . bezahlt, worüber diese Quittung.

Gegeben zu . . . .
den . . ten 187

Der Verificator des Bezirks.

Einnahm-Register Nr.

Von . . . .
. . . .
wohnhaft in . . . .
wurden unter'm Heutigen für Eichung und Stempelung der jenseits angegebenen Maße, Gewichte und Waagen die da verzeichneten Gebühren im Ganzen mit . . . . . bezahlt, worüber diese Quittung.

Gegeben zu . . . .
den . . ten 187

Der Verificator des Bezirks.

Instruktion

für die

Verificatoren von Maß und Gewicht.

A. Ueber die der Verification unterliegenden Gegenstände im Allgemeinen.

§ 1.

Die Verification erstreckt sich auf die im gesammten öffentlichen Verkehr benützten Maße und Gewichte metrischen Systemes und auf die Waagen.

Der Verificator hat darüber zu wachen, daß ihm die der Verification unterliegenden Maße, Gewichte und Waagen von den Gewerbtreibenden vollzählig, nach Bestimmung der allerhöchsten Verordnung vom 19. December 1869, zur Eichung und Stempelung geliefert werden.

Der Verificator soll mit allen erforderlichen Hülfsmitteln zur Eichung und Stempelung dieser Gegenstände versehen sein. Dieselben sind ihm theils als Inventar zur Benützung und Aufbewahrung übergeben, theils hat er deren Beschaffung selbst zu bewerkstelligen.

Es dürfen ausschließlich Maße und Gewichte von solcher Größe, wie sie in den §§ 1, 6, 10, 14 und 16 der allerhöchsten Verordnung vom 14. September 1869 bezeichnet sind, ferner nur Waagen derjenigen Gattungen, welche im § 20 der ebengenannten königlichen Verordnung angegeben sind, verificirt werden.

Ebenso sollen die Gegenstände jeder Art, welche vom Verificator zur Eichung angenommen und gestempelt werden, auch bezüglich ihrer Form und Beschaffenheit genau den Bestimmungen der allerhöchsten Verordnung vom 14. September 1869 genügen.

Nähere Erörterungen über die hierüber anzustellenden Untersuchungen folgen nachstehend.

B. Ueber die Verification der Längenmaße.

§ 2.

Die Längenmaße sind theils Stäbe von 2 bis 0,1 Meter Länge, theils Ketten von 20 bis 5 Meter Länge. (S. § 1 der k. Verordnung vom 14. September 1869.)

Bei der Prüfung der Längenmaße von Stabform hat der Verificator zunächst darauf zu achten, daß dieselben gerade Gestalt haben (nicht gebogen oder verwunden sind), und an den Enden eben und scharfkantig begrenzt sind. Merklich krumme Stäbe und solche mit gerundeten Endflächen sind von der Verification auszuschließen.

Auch ist bei derartigen Maßen aus Holz besonders zu untersuchen, ob das an den Enden angebrachte Beschläg dauerhaft befestigt ist.

Die Theilstriche müssen rechtwinklich zur Längenkante, ferner rein, scharf und erkennbar eingeschnitten sein. Bloß gezeichnete oder durch Punkte hergestellte Theilungen sind unstatthaft.

Zur Vornahme der Richtigkeitsprobe eines Längenmaßes von Stabform ist dasselbe derart auf das Normalmaß (s. § 24 der k. Verordnung vom 23. Nov. 1869) aufzulegen, daß die beiderseitigen Theilungen gleichzeitig betrachtet werden können, wobei zugleich das zu untersuchende Maß gegen die am Normalmaß angebrachte überstehende Endplatte zu drücken ist. Die Beurtheilung der vorkommenden Abweichungen, nach Maßgabe der Bestimmungen des § 4 der k. Verordnung vom 14. September 1869, geschieht bei einiger Uebung mit genügender Genauigkeit nach dem Augenmaße, wozu nöthigenfalls eine Loupe (von etwa 12facher Vergrößerung) Benützung finden kann.

Die Eichung von Präcisionsmaßen bleibt der Normal-Eichungscommission vorbehalten.

Bei Stäben von 2 Metern Länge erfolgt die Richtigkeitsprobe durch Vergleichung beider Hälften mit dem Normalmaße.

§ 3.

Das Stempeln der stabförmigen Längenmaße hat das erste Mal an beiden Enden der mit der Theilung versehenen Seite zu geschehen. (S. § 5 der k. Verordnung vom 14. September 1869.) Die weiteren Stempelungen sollen an einer der ungetheilten Seitenflächen nach der Reihenfolge angebracht werden.

Beim Aufschlagen des Stempels ist einerseits zwar auf deutliche Ausprägung Bedacht zu nehmen, anderseits aber auch auf die möglichste Schonung der Maße. In letzter Beziehung ist das Auflegen des Stabes auf eine genügend feste, ebene und glatte Unterlage Erforderniß.

§ 4.

Bei den als Meßketten ausgeführten Längenmaßen müssen die einzelnen Theile (Glieder) von gerader Form und deren Oehre so beschaffen sein, daß sie sich auch bei starker Anspannung nicht aufbiegen oder dehnen. Die durch bloßes Biegen des Drahtes gebildeten Oehre sollen demgemäß gelöthet sein. Ebenso müssen die zwischen den Gliedern angebrachten Ringe auf irgend eine Weise dauerhaft geschlossen sein, und dürfen keine merkliche Biegung zulassen.

Für diese Maße genügt bei den Theilungen in Meter die Bezeichnung mit Ziffern und dem Buchstaben M (Meter), mit welcher die an den Theilpunkten anzubringenden Plättchen aus Messing oder Kupfer auf beiden Flächen versehen sein sollen. An solchen Meßketten, deren Theilpunkte nur durch Ringe markirt sind, lassen sich Bezeichnungen der Abschnitte mit Ziffern gar nicht anbringen.

Für die Richtigkeitsprobe von Meßketten ist eine Meßlatte von 5 Meter Länge zu verwenden, welche der Verificator sorgfältigst mit Anwendung des Normal-Metermaßes selbst herzustellen und zeitweilig zu revidiren hat. Die Prüfungsoperation geschieht dann in der Weise, daß die ganze Kette auf möglichst ebenem Boden ausgespannt, und mit der Latte gemessen wird. 10 und 20 Meter lange Ketten sind hierbei von 5 zu 5 Meter mit Unterlagen zum Aufreißen von Marken zu versehen.

Bei dieser Probe hat der Verificator sein Augenmerk auch darauf zu richten, ob die Kette die beim Gebrauche nöthige Anspannung aushält, ohne sich zu dehnen, sowie ferner darauf, ob die Elasticität der Kette bei angemessener Spannung derselben nicht Unrichtigkeiten zur Folge hat, welche die im § 4 der allerhöchsten Verordnung vom 14. September 1869 angegebenen Grenzen überschreiten. In diesen Fällen ist ebenso, wie überhaupt bei unzulässigen Abweichungen von der Richtigkeit die Ertheilung des Stempels zu verweigern.

§ 5.

Die Meßketten erhalten den Stempel an den beiden Endringen, welche zum Einstecken der Stangen bestimmt sind. Zur Anbringung desselben muß jeder dieser Ringe mit einer kupfernen Niete oder auch mit einer runden Austiefung (Versenkung), die mit Zinnloth ausgefüllt ist, versehen sein.

C. Ueber die Verification der Flüssigkeitsmaße.

§ 6.

Bei Prüfung der Flüssigkeitsmaße hat der Verificator zunächst darauf zu achten, daß dieselben die im § 7 der allerhöchsten Verordnung vom 14. September 1869 vorgeschriebene Form haben, nämlich alle Maße von 1 Liter aufwärts, sowie die durch die Halbirungstheilung abgestuften: die cylindrische Form, und die nach der Decimaltheilung abgestuften Maße: die Kegelform.

Alle diese Maße müssen zudem regelmäßig gestaltet sein, und dürfen keine merklichen Verbiegungen zeigen.

Wesentliches Erforderniß zur Zulassung ist ferner, daß dieselben innerlich und äußerlich rein sind, was ganz besonders von den Oelmaßen gilt.

Bei Flüssigkeitsmaßen von Weißblech und solchen von

Messing, oder Kupferblech, welche letzteren wenigstens inwendig verzinnt sein müssen, ist darauf Bedacht zu nehmen, daß die Verzinnung nicht abgenützt sein darf.

Verbogene, unsaubere, mangelhaft verzinnte und mit Rost oder Grünspan behaftete Flüssigkeitsmaße sind von der Verification auszuschließen.

Selbstverständlich sind auch diejenigen Maße, zurückzuweisen, welche die Flüssigkeit nur im mindesten durchsickern lassen.

Zur Prüfung der Flüssigkeitsmaße bezüglich ihrer Abmessungen gemäß der im § 7 der oben bezeichneten allerhöchsten Verordnung gegebenen Bestimmungen, hat sich der Verificator eines Visirstäbchens zu bedienen, welches zwei Theilungen enthält, wovon die eine die zulässigen Durchmesser der cylindrischen Maße von 2, 1, $^1/_2$ bis $^1/_{32}$ Liter, die andere die zulässigen oberen Durchmesser der kegelförmigen Maße von 0,2 bis 0,02 Liter darstellt. Dieses Visirstäbchen ist von der Normal-Eichungscommission zu beziehen.

§ 7.

Die Richtigkeitsprobe der Flüssigkeitsmaße hat der Verificator mit Anwendung der Normalmaße (s. §. 24, Nr. 2 der kgl. Verordnung vom 23. November 1869) vermittelst Wasser auszuführen.

Hierzu ist das betreffende Normalmaß sorgfältigst zu füllen, so daß der Wasserspiegel in genau gleicher Höhe mit dem äußersten Rande des Halses steht; wobei zur Abgleichung ein Streichlineal zu verwenden ist, als welches der Stiel des zuvor bezeichneten Visirstäbchens dienen kann.

Die in das zu eichende Maß mit Vorsicht vollständig übergegossene Wassermenge sollte nun von diesem vollkommen aufgenommen werden, und dasselbe zugleich genau bis zum Rande füllen.

Der § 8 der allerhöchsten Verordnung vom 14. September 1869 bestimmt die hierbei noch zulässigen Abweichungen, zu deren Ermittelung sich der Verificator der

Probirröhre zu bedienen hat, mit welcher wie folgt zu verfahren ist:

Das im Normalmaße etwa zurückbleibende Wasser, welches das zu eichende Maß nicht mehr aufnehmen kann, wird in die gläserne Röhre gegossen. Füllt dieses Wasser die Röhre bis zu dem Theilstriche der mit **F M** überschriebenen Theilung, welcher mit der gleichen Bezeichnung wie das in Behandlung stehende Maß versehen ist, oder darüber hinaus, so übersteigt die Unrichtigkeit die zulässige Grenze. Wird dagegen das zu eichende Maß durch den Inhalt des Normalmaßes nicht vollständig gefüllt, so ist die Probirröhre bis zum entsprechenden Striche zu füllen, und dieses Wasser dem anderen zuzufügen. Ist dasselbe zur vollkommenen Füllung des Maßes ganz erforderlich oder noch nicht hinreichend, so übersteigt die Unrichtigkeit ebenfalls die zulässige Grenze.

Die Probirröhre findet bis zum 10 Litermaß Verwendung. Dieselbe ist von der Normal-Eichungscommission zu beziehen.

Für das 20 Litermaß hat das Maß von 0,05 Liter als Probirmaß zu dienen.

§ 8.

Das Eichen der Flüssigkeitsmaße mit Anwendung von Wasser soll der Verificator bei jeder Verification vornehmen. Die Operation mit der Probirröhre zur Ermittelung der Abweichung von der strengen Genauigkeit hat nothwendig bei der erstmaligen Verification jedes Maßes, später nur mehr in zweifelhaften Fällen zu geschehen.

In keinem Falle darf bei Flüssigkeitsmaßen die Eichung auf das Messen mit dem Längenmaße beschränkt bleiben, oder statt des Wassers ein trockener Stoff verwendet werden.

§ 9.

Die Flüssigkeitsmaße erhalten den Verificationsstempel auf einer der beiden im § 7 der königlichen Verordnung vom 14. September 1869 sub Nr. 5 vorgeschriebenen Zinnwarzen, welche stets dicht am oberen Rande der Maße angebracht sein müssen.

Sobald eine dieser Warzen in Folge der mehrmaligen Stempelung abgenützt ist, wird der Stempel auf die andere Warze geschlagen, und dem Eigenthümer des Maßes ist die Wiederherstellung der ersteren Warze bis zur nächsten Verification zur Aufgabe zu machen.

Beim Aufschlagen des Stempels hat der Verificator mit besonderer Sorgfalt darauf zu achten, daß die Maße keine Beschädigung erleiden. Hierzu ist eine der Höhlung des Maßes möglichst anpassende Unterlage wesentliche Bedingung. Als solche soll ein Stempelstock benützt werden, welcher vier verschieden gerundete Zapfen enthält, deren Form sich den Höhlungen der verschiedenen Maße genügend anschließt. Dieser Stempelstock ist von der Normal-Eichungscommission zu beziehen.

In dem Falle, daß sich durch das Aufschlagen des Stempels die Zinnwarze über den Rand des Flüssigkeitsmaßes ausbreitet, hat der Verificator das überstehende Metall vermittelst einer Feile zu beseitigen.

D. Ueber die Verification der Hohlmaße für trockene Gegenstände.

§ 10.

Die Hohlmaße für trockene Gegenstände müssen die im § 11 der allerhöchsten Verordnung vom 14. September 1869 vorgeschriebene Cylindergestalt besitzen, wobei der Durchmesser der $1^1/_2$ fachen Höhe gleich sein soll.

Der Verificator hat zu prüfen, ob die Form dieser Maße, gleichviel ob dieselben aus Holz oder Metall hergestellt sind, eine gehörig regelmäßige sei, und ob die Verbindungen aller Theile die erforderliche Festigkeit besitzen.

Deformirte, beschädigte, unsaubere und sonst fehlerhaft beschaffene Trockenmaße sind zur Verification nicht anzunehmen.

Die äußere Fläche eines vorhandenen Steges (s. Nr. 3 und 5 des oben angeführten § 11 der königlichen Verordnung) muß stets in der Ebene des obersten Umfangsrandes liegen.

Die Uebereinstimmung der Abmessungen mit den betreffenden Bestimmungen des § 11 der allerhöchsten Verordnung vom 14. September 1869 ist vermittelst eines Visirstabes in gleicher Weise wie bei den Flüssigkeitsmaßen zu prüfen, welchen der Verificator von der Normal-Eichungscommission bezieht.

§ 11.

Zur Ausführung der Richtigkeitsprobe hat der Verificator bei den Trockenmaßen Kleesamen zu verwenden. Das betreffende Normalmaß ist damit reichlich zu füllen, und dann mit einer Streichschiene, als welche die in den §§ 8 und 12 erwähnten Visirstäbe zugleich auch benützt werden können, derart abzustreichen, daß die Oberfläche des gefüllten Maßes eben erscheint.

Das weitere Verfahren ist im Wesentlichen mit dem für Flüssigkeitsmaße in Anwendung zu bringenden übereinstimmend, und zur Untersuchung, ob bei einem zu eichenden Maße die Abweichung von der strengen Genauigkeit die im § 12 der allerh. Verordg. vom 14. September 1869 festgesetzten Grenzen nicht überschreitet, findet bei den metallenen Trockenmaßen von 10 Liter abwärts und bei den hölzernen Maßen dieser Gattung von 5 Liter abwärts dieselbe Probirröhre, welche für die Flüssigkeitsmaße zu dienen hat, Benützung.

Diese Probirröhre enthält nämlich zwei Theilungen, eine, die mit FM überschrieben ist, für die Flüssigkeitsmaße und metallenen Trockenmaße zugleich verwendbar, die andere mit HT bezeichnet, für die hölzernen Trockenmaße.

Zum Eichen größerer Maße, für welche die Probirröhre nicht ausreicht, sind vorhandene Maße als Probirmaße anzuwenden, und zwar:

a) für metallenene Maße

von	1	Hectoliter	das Maß	von	0,2	Liter,
„	0,5	„	„	„	0,1	„
„	20	Liter	„	„	0,05	„

b) für Maße von Holz

von	1 Hectoliter	das Maß	von	0,2	Liter	zweimal,
„	0,5 „	„	„	„	0,2	„	einmal,
„	20 Liter	„	„	„	0,1	„	
„	10 „	„	„	„	0,05	„	

Beim Eichen der Trockenmaße mit Anwendung von Samenkörnern hat der Verificator den Umstand zu beachten, daß diese Körner durch mehr oder weniger Rütteln des Maßes eine verschieden dichte Schichtung annehmen. Es ist demnach beim Füllen des Normalmaßes und beim Ueberfüllen des Inhaltes in das zu eichende Maß möglichst gleichmäßig zu verfahren und alles Rütteln mit Sorgfalt zu vermeiden.

§ 12.

Das Stempeln der Trockenmaße aus Metall hat in gleicher Weise wie bei den Flüssigkeitsmaßen auf einer der beiden am oberen Rande angebrachten Zinnwarzen zu geschehen.

Bei den größeren Maßen von 10 Liter aufwärts kann hiebei der Stempelstock (s. § 9 der Instruction) nicht mehr als Untersatz dienen; dagegen läßt sich derselbe für diesen Zweck zum Vorhalten beim Aufschlagen des Stempels verwenden, indem man einen seiner Füße, die hierzu unterhalb angemessen gerundet sind, gegen die innere Wandung des Maßes andrückt.

Die Trockenmaße aus Holz erhalten den Stempel unmittelbar unter dem oberen Reife.

Die Jahresstempel sollen in regelmäßiger Reihenfolge angebracht werden.

E. Ueber die Verification der Gewichte.

§ 13.

Der Verificator hat zunächst zu prüfen, ob die Gewichte bezüglich ihrer Gestalt, Beschaffenheit und Bezeichnung den Anforderungen der §§ 15 und 16 der allerh. Verordnung vom 14 Septbr. 1869 entsprechen.

Die zur Verification zuzulassenden Gewichte müssen vor Allem rein und dürfen mit keinerlei fremden Stoffen behaftet sein.

Ihre Oberfläche soll glatt, und die der Abnützung ausgesetzten Kanten müssen abgerundet sein.

Das zur Justification dienende Blei muß in den Gewichten solid befestigt sein und darf nicht über deren Oberfläche hervorragen.

Gußeiserne Gewichte müssen vom Formsand vollkommen befreit sein, und dürfen keinen Rost wahrnehmen lassen. Dieselben sollen auf der Oberfläche weder Gußblasen noch poröse Stellen zeigen, und die sogenannten Gußnähte müssen vollständig entfernt sein.

Die in die größeren Gewichte eingegossenen Handgriffe, welche stets aus Schmiedeisen bestehen sollen, müssen fest und gehörig vom Gußeisen umschlossen sein.

Messingene Gewichte müssen auf der ganzen Oberfläche rein bearbeitet (abgedreht) sein. Löthungen mit Zinn dürfen an messingenen Gewichten nirgends wahrzunehmen sein. Desgleichen sind hohlgegossene Gewichte dieser Gattung, welche in Folge zu geringer Wandstärke Formänderungen erlitten haben, durchaus unstatthaft.

Die Bestimmungen der obengenannten kgl. Verordnung bezüglich der Gestalt und Einrichtung der Gewichte, von verschiedener Größe und aus verschiedenen Metallen hergestellt, sind genau zu beachten.

Diejenigen Gewichte, für welche die Cylinderform vorgeschrieben ist, dürfen inzwischen eine schwache Verjüngung nach oben besitzen; jedoch soll diese so gering sein, daß die Abweichung von der cylindrischen Gestalt ohne Messung nicht erkennbar ist. (S. Bekanntmachung der k. Normal-Eichungscommission vom 17. December 1869.)

Die aus Messing-, Platin-, Silber- oder Aluminiumblech angefertigten kleinsten Gewichte (s. § 17 der k. Verordn. vom 14. Sept. 1869) dürfen die Gestalt quadratischer Plättchen mit Abbiegungen zum Anfassen haben. Aus den genannten oder anderen gleich festen Metallen, z. B. aus Schmiedeisen oder aus Metallegirungen, wie Neusilber ꝛc., hergestellte Gewichte von 1 Gramm aufwärts müssen aber die für Messinggewichte vorgeschriebene Form und Einrichtung haben.

Andere Bezeichnungen der Gewichte als die vorgeschriebenen sind nicht zuzulassen. Es müssen demnach die Gewichte bis zu 1 Kilogramm abwärts nach Kilogrammen, und alle kleineren Gewichte nach Grammen bezeichnet sein, wozu die Buchstaben K und G genügen. Eine Ausnahme bilden nur die Gewichtsstücke von 50 und $^1/_2$ Pfund, welche ausschließlich die Pfundbezeichnung (Pf. oder ℔) haben sollen.

Gewichte für Decimal- und Centesimalwaagen dürfen jedoch neben der Bezeichnung ihres wahren Inhaltes auch diejenige ihres Nennwerthes, welcher das Zehnfache, beziehungsweise das Hundertfache des wahren Inhaltes beträgt, enthalten. Diese Nebenbenbezeichnung soll aber in kleinerer Schrift als die Hauptbezeichnung und in Klammern angebracht sein. Im Uebrigen müssen die eben erwähnten Gewichte die ihrem Inhalte entsprechende Form und Einrichtung haben.

Alle Gewichte, welche die im Vorstehenden erörterten nothwendigen Eigenschaften nicht besitzen, sowie diejenigen, welche unstatthafte Eigenschaften zeigen, hat der Verificator zurückzuweisen.

§ 14.

Zur Prüfung der Gewichte in Betreff ihrer Richtigkeit soll der Verificator einzig und allein die im § 24 der allerhöchsten Verordnung vom 23. November 1869 unter 3 a und b aufgeführten Normalgewichte und die im § 23 Ziffer 5 derselben königlichen Verordnung bezeichneten drei gleicharmigen Waagen benützen.

Die größte Waage ist für die Gewichte von 50 bis 10 Kilogramm incl., die mittlere für alle gewöhnlichen Handelsgewichte von 5 Kilogramm bis 1 Gramm incl. zu verwenden.

Die kleinere Präcisionswaage soll im Eichlokale des Verificators aufgestellt bleiben. Dieselbe ist nur zur Vergleichung der zum täglichen Gebrauche dienenden Normalgewichte mit den im obenbezeichneten § 23 der königlichen Verordnung unter Nr. 4 specificirten Gewichten, und zwar von 1 Kilogramm abwärts, ferner auch zum Eichen kleiner Gewichte für Gewerbtreibende, welche solche unter 1 Gramm bedürfen, und diese in das Eichlokal am Wohnsitze des Verificators abliefern, zu benützen.

Die vom Verificator geeichten Gewichte müssen die für gewöhnliche Handelsgewichte im § 18 der allerhöchsten Verordnung vom 14. September 1869 vorgeschriebene Genauigkeit besitzen. Die für die einzelnen Gewichtsstücke gestatteten Abweichungen von der strengen Richtigkeit sind demnach der Rubrik b, des bezeichneten Paragraphen zu entnehmen. Hiernach darf z. B. ein Gewicht von 10 Kilogramm höchstens um 2,5 Gramm, — ein Gewicht von 1 Kilogramm höchstens um 0,4 Gramm leichter oder schwerer als das Normalgewicht sein, um als genügend richtig zu gelten, und zu dessen Ausweis den Stempel zu erhalten.

Das Eichen eigentlicher Präcisionsgewichte von dem in der Rubrik a, des § 18 bezeichneten, oder einem noch höheren Genauigkeitsgrade bleibt der Normal-Eichungscommission vorbehalten, an welche der Verificator Diejenigen zu weisen hat, welche solche, der regelmäßigen Verification nicht unterliegende Gewichte bedürfen.

Wesentliches Erforderniß zum richtigen Eichen und zur gehörigen Bestimmung des Genauigkeitsgrades der Gewichte ist die Richtigkeit und genügende Empfindlichkeit der zum Abwägen dienenden Waage. Der Verificator ist demnach verbunden, seine Waagen öfter sorgfältigst zu prüfen und zu untersuchen, ob dieselben noch richtig sind, und die Empfindlichkeit der Waagen zweiter Classe, gemäß der Bestimmungen des § 21 der allerhöchsten Verordnung vom 14. September 1869, ad Nr. 6 und 8, besitzen. Diese Untersuchung ist nach Anleitung des § 21 der Instruction vorzunehmen.

Beim Abwägen der Gewichte sind ferner, wie bei allen

genaueren Wägungen überhaupt, folgende Regeln zu beobachten:

1) Die Waage darf durchaus nicht vom directen Sonnenlichte beschienen sein, und muß sich im Winter möglichst entfernt vom Ofen befinden.

2) Die Waage darf der Zugluft nicht ausgesetzt sein.

3) Die Waage muß richtig und gehörig fest aufgestellt sein.

§ 15.

Der Verificator hat die Obliegenheit, kleine Gewichtsunterschiede bei denjenigen Gewichten, welche durch Bleipfropfen verschlossene Oeffnungen besitzen, abzugleichen, insoweit dieß ohne Beseitigung dieses Verschlusses geschehen kann.

Die Justification eines zu schweren Gewichtsstückes ist durch Beschneiden oder Abschaben des Bleies an der Oberfläche des Pfropfes, vermittelst eines geeignet geformten Meißels zu bewerkstelligen.

Bei einem um geringen Betrag zu leichten Gewichte ist dagegen in den Bleipfropf eine Versenkung mit einem Spitzmeißel einzuschlagen, in welche Bleispäne oder Schrotkörner einzulegen sind, die dann durch Anwendung eines glatten Stempels ihre Befestigung erhalten.

Einem zu schweren Gewichte darf keinenfalls so viel Blei vom Pfropfe genommen werden, daß dieser die erforderliche Festigkeit einbüßt, oder seine Oberfläche so tief zu liegen kommt, daß der Stempel nicht mehr deutlich zu erkennen wäre; und einem zu leichten Gewichte darf keinenfalls so viel Blei am Pfropfe zugefügt werden, daß dessen Oberfläche über derjenigen des Gewichtes hervorragt.

Der Verificator hat darauf zu achten, daß das Blei an der Oberfläche des Pfropfes keine lockeren, dem Ablösen leicht ausgesetzten Theile zeigt. Vor dem Aufschlagen des Wappenstempels ist die Oberfläche des Pfropfes mit einem glatten Stempel gehörig zu ebnen.

Solche Gewichte, welche zur gehörigen Justification die Beseitigung des Pfropfes erfordern, ist der Verificator zurückzuweisen berechtigt; jedoch ist es ihm gestattet, mit Zustimmung der Besitzer auch Gewichte vollständig zu justificiren und mit Bleipfropfen zu versehen.

Die kleinen Gewichte von Messing oder anderen Metallen, welche zur Justification mit Blei nicht eingerichtet sind, hat der Verificator, wenn sie zu schwer wiegen, durch Abfeilen an der unteren Fläche zu berichtigen. Diejenigen dieser Gewichte aber, welche sich in unstatthaftem Betrage zu leicht ergeben, sind zu verwerfen.

Bei der Justification der Gewichte hat der Verificator mit aller möglichen Sorgfalt zu verfahren. Um denjenigen Grad der Genauigkeit zu erzielen, welchen der § 18 der allerh. Verordnung vom 14. Septbr. 1869 vorschreibt, genügt es nicht, ein Gewicht von solcher Schwere herzustellen, daß es dem betreffenden Normalgewichte auf der Waage, bei Zufügung eines Gewichtes im Betrage der gestatteten Abweichung auf eine oder die andere der beiden Waagschalen, das Gleichgewicht hält, sondern es ist nothwendig stets auch auf die aus der beschränkten Empfindlichkeit der Waage hervorgehenden Fehler der Wägung Bedacht zu nehmen.

Würde z. B. die Waage von 5 Kilogramm Tragkraft eben nur die mindest erforderliche Empfindlichkeit besitzen, d. i. bei beiderseitiger Belastung mit 5 Kilogramm noch einen bemerklichen Ausschlag vermittelst einseitiger Zufügung von 2,5 Gramm zeigen, so wäre es leicht möglich, daß ein Gewicht von 5 Kilogramm bei einer scheinbaren Abweichung von 1,25 Gramm (nach Vorschrift des § 18) in Wirklichkeit eine solche von 3 Grammen und darüber ergäbe.

Demgemäß soll sich der Verificator angelegen sein lassen, überhaupt den mit den gegebenen Hülfsmitteln praktisch erreichbaren Genauigkeitsgrad der Gewichte thunlichst herzustellen, wozu die Aneignung der nöthigen Gewandtheit in den Operationen unerläßliche Bedingung ist.

§ 16.

Den Verificationsstempel erhalten die Gewichte, welche mit einer Oeffnung zur Justification versehen sind, stets auf der Oberfläche des den Verschluß der Oeffnung bildenden Bleipfropfes.

Die Gewichtsstücke von 5 Gramm bis einschließlich 1 Gramm sind auf der oberen Fläche neben dem Knopfe zu stempeln, wobei zur Vermeidung von Beschädigungen Vorsicht anzuwenden ist.

Die noch kleineren Gewichte werden gar nicht gestempelt.

F. Ueber die Verification der Waagen.

§ 17.

Die im § 20 der allerh. Verordnung vom 14. Septbr. 1869 bezeichneten Waagengattungen, welche ausschließlich zur Verification zugelassen werden dürfen, begreifen folgende besondere Arten in sich:

1. Gleicharmige Waagen.

a) Solche, welche bei der Anwendung aufgehängt oder auch mit der Hand gehalten werden. Die mittleren Schneiden des Waagbalkens ruhen bei denselben in Pfannen, die sich an der sogenannten Scheere angebracht finden.

b) Solche Waagen, deren Mittelschneiden in Pfannen ruhen, welche auf einer festen Unterstützung (Säule) angebracht sind (Stativwaagen).

Die Waagen der ersteren Art haben stets eine aufwärts gerichtete, zwischen der Scheere spielende Zunge, wogegen bei den Stativwaagen die Zunge meistens nach unten gerichtet ist.

Die Balken der gleicharmigen Waagen sind ebensowohl durchbrochen, als in massiver Form gestattet.

2. Schnellwaagen.

Diese sind sämmtlich von der Art, daß der Balken in der Scheere ruht.

Sie besitzen entweder nur *eine* Theilung oder deren zwei. Im letzteren Falle ist der Balken zum Umkehren eingerichtet, und mit zwei Scheeren versehen.

Die Querschnittsform des Balkens soll vorschriftsgemäß (s. § 22 der königl. Verordnung vom 14. Septbr. 1869) rechteckig, mit verticaler Richtung der größeren Dimension, sein. Bereits vorhandene Schnellwaagen, deren Balken oberhalb zugeschärft sind, sowie solche mit übereck gestelltem quadratischem Balkenquerschnitte werden vorerst ausnahmsweise noch zugelassen. Neue Schnellwaagen dieser Art dürfen jedoch zur Eichung nicht angenommen werden.

3. Brückenwaagen.

a) Decimal-Brückenwaagen, bei welchen das zum Wägen dienende Gewicht ein Zehntheil der zu bestimmenden Last beträgt, also 10 fach zu rechnen ist.

Die sogenannte Straßburger Decimalwaage besteht im Wesentlichen aus dem auf einem Gestelle unterstützten ungleicharmigen Waagbalken, an welchen einerseits die Waagschale und anderseits die Brücke, sowie ein die letztere anderweitig unterstützender gabelförmiger Traghebel angehängt sind.

b) Centesimal-Brückenwaagen, bei welchen das zum Wägen dienende Gewicht ein Hunderttheil der zu bestimmenden Last beträgt, demnach 100 fach zu rechnen ist.

Die gewöhnliche Construction enthält ebenfalls einen ungleicharmigen Waagbalken, ferner einen unter der Brücke liegenden einarmigen Hebel und zwei die Brücke unterstützende gabelförmige Traghebel.

Die Zulässigkeit der Waagen dieser Gattung ist ebensowohl durch die besondere Construction, wie durch die Art der Ausführung bedingt, und wird durch die nach Vorschrift der §§ 26 und 27 dieser Instruction vorzunehmende Untersuchung und Probe constatirt.

4. Oberschalige oder Tafelwaagen.

a) Solche, bei welchen beide Schalen sich oberhalb der den Waagbalken vertretenden Hebel befinden.

b) Solche, bei welchen nur die Lastschale oberhalb der Hebel angebracht, die Schale für die Gewichte dagegen hängend ist.

Die Zulässigkeit der Waagen dieser Gattung ist ebenfalls durch die Untersuchung und Probe nach Vorschrift zu constatiren.

Ihrer Construction nach fehlerhaft und verwerflich ist eine gewisse Art von Tafelwaagen, welche gewöhnlich „Lyoner Tafelwaage" benannt wird. Dieselbe besitzt zwei Oberschalen, einen gleicharmigen Waagbalken und zwei in einem Gestelle eingeschlossene Lenkarme. Diese Waage kann der im § 24 der königl. Verordnung vom 14. Septbr. 1869 gestellten Bedingung gemäß ihrer Einrichtung nie entsprechen, und ist demnach von der Eichung auszuschließen.

In allen Fällen, in welchen der Verificator bezüglich der Zulassung einer Waagenconstruction im Zweifel ist, hat derselbe die Normal-Eichungscommission um specielle Instruction anzugehen, und die zur Beurtheilung erforderlichen Muster oder Zeichnungen in Vorlage zu bringen.

§ 18.

Gemäß der Bestimmung des § 20 der allerh. Verordnung vom 14. Septbr. 1869 soll jede der Eichung zu unterstellende Waage mit der Bezeichnung ihrer Tragfähigkeit versehen sein.

Der Verificator hat den Vollzug dieser Bestimmung zu überwachen, und ist außerdem verbunden, zu untersuchen, ob die Waagen die angegebene Tragfähigkeit wirklich besitzen.

Bei Schnellwaagen ist die stärkste Belastung dem äußersten Punkte der Theilung zu entnehmen. Eine weitere Bezeichnung erscheint hier erläßlich. Oberschalige Waagen dürfen die Tragfähigkeitsbezeichnung auch am Gestelle erhalten. In jedem Falle muß dieselbe deutlich zu ersehen sein.

Waagen, welche eine größere Tragfähigkeit als die declarirte besitzen, sind nicht zu beanstanden.

Zur vollkommeneren Durchführung der in Rede stehenden Bestimmung erscheint es angemessen, daß die Verificatoren den Besitzern von Waagen in Betreff der

Tragfähigkeitsbezeichnungen Rath ertheilen, und in zweifelhaften Fällen etwa provisorische Tragfähigkeitsproben vornehmen, durch welche die anzubringenden Bezeichnungen erst festgestellt werden.

In der Regel läßt sich die größte beim Gebrauche vorkommende Belastung einer Waage nach deren Bestimmung und Größe annäherungsweise bemessen. So z. B. bedürfen die kleineren Kramwaagen für den Handgebrauch nicht leicht einer größeren Tragfähigkeit als von 2 Kilogramm. Für viele derselben genügt 1, und selbst $1/2$ Kilogramm. Bei hängenden gleicharmigen Waagen und Stativwaagen bietet die Größe der Schalen einen Anhaltspunkt zur Schätzung der Belastung. Brückenwaagen werden bereits mit Angabe der Tragfähigkeit von den Verfertigern geliefert, und lassen sich übrigens nach der Größe der Brücken einigermaßen beurtheilen.

Die Tragfähigkeit eines Waagbalkens kann ferner auch durch Berechnung approximativ ermittelt werden, wozu folgendes Verfahren dient:

Man nehme nachbezeichnete Maße in Millimetern: 1) die Höhe des Balkens in der Nähe der Unterstützungsschneiden (neben dem sogenannten Herz), 2) die Dicke des Balkens an derselben Stelle und 3) die Länge eines Balkenarmes, vom Unterstützungspunkte bis zum Aufhängungspunkte der Waagschale. Dann multiplicire man die unter Nr. 1 gefundene Zahl mit sich selbst, und das Ergebniß der Rechnung auch noch mit der Zahl Nr. 2. Schließlich dividire man mit der Zahl Nr. 3.

Die so erhaltene Zahl giebt die Belastung in Kilogrammen an, welche der Balken, vorausgesetzt, daß er aus fehlerfreiem Material (Eisen oder Messing) besteht, mit Sicherheit tragen kann.

Hat z. B. der Balken einer gleicharmigen Waage neben dem Herz 20 Millimeter Höhe, daselbst 4 Millimeter Dicke, und vom Unterstützungspunkt bis zum Aufhängungspunkte der Schale 160 Millimeter Länge, so berechnet sich die Tragfähigkeit zu $\frac{20 \times 20 \times 4}{160} = 10$ Kilogramm.

Oder ist der Balken einer Brückenwaage neben dem Herz 50 Millimeter hoch und 10 Millimeter dick, und vom Unterstützungspunkte bis zum Aufhängungspunkte der Waagschale 400 Millimeter lang, so darf die größte Belastung der Schale betragen: $\frac{50 \times 50 \times 10}{400} = 62^1/_2$ Kilogramm, und demnach die größte Belastung der Brücke: $10 \times 62^1/_2 = 625$ Kilogramm.

Das Ergebniß der Berechnung ist übrigens in keinem Falle für die wirklich vorhandene Tragfähigkeit einer Waage maßgebend, sondern diese muß stets durch die Probe constatirt werden.

Die Tragfähigkeitsprobe einer Waage hat der Verificator in der Weise anzustellen, daß er dieselbe mit derjenigen Belastung versieht, für welche sie declarirt ist. Eine gleicharmige, sowie eine Tafelwaage ist demnach in beiden Schalen mit Gewichten dieses Betrages zu belasten. Bei einer Schnellwaage ist das verschiebbare Gewicht am äußersten Punkte seines Armes einzustellen, und die Waagschale der Angabe dieses Theilpunktes entsprechend mit Gewichten zu belasten. Bei einer Brückenwaage ist die Brücke mit der vollen Maximalbelastung zu versehen, und auf die Waagschale sind Gewichte zu bringen im Betrage von $^1/_{10}$, beziehungsweise $^1/_{100}$ jener Belastung.

Mit der Tragfähigkeitsprobe einer Waage ist stets die Probe bezüglich deren Richtigkeit und Empfindlichkeit zu verbinden, indem die Tragfähigkeit eben dadurch nachgewiesen wird, daß die Waage bei der größten zulässigen Belastung noch die vorschriftsmäßige Richtigkeit und Empfindlichkeit zeigt.

Waagen, die diejenige Tragfähigkeit nicht besitzen, welche ihre Bezeichnung angiebt, hat der Verificator zurückzuweisen. Ergeben sich solche aber bei geringerer Belastung als tauglich, so ist deren Verification und Stempelung vorzunehmen, sobald deren Bezeichnung entsprechend geändert worden ist.

§ 19.

Bei der ferneren Prüfung der Waagen jeder Gattung hat der Verificator zunächst folgende Regeln von allgemeiner Geltung zu beachten:

Jede Waage soll in allen Theilen rein sein. Anstriche sind nur bei den Waagen, für welche eine geringere Empfindlichkeit genügt (s. § 21 der allerh. Verordg. vom 14. Septbr. 1869, Nr. 8), statthaft, und dürfen sich niemals auf die sich gegenseitig berührenden Flächen der Scheiden und Pfannen erstrecken.

Alle Theile einer Waage müssen in einem zweckentsprechenden Zusammenhange stehen, welcher gegen zufällige Veränderungen möglichst sicher gestellt sein soll. Ganz besonders ist die unwandelbare Befestigung der Schneiden in den Balken und Hebeln, wie auch der Pfannen in ihren Trägern und Gehängen unerläßliche Bedingung für jede Waage.

Fremdartige Körper dürfen an keinem Theile einer Waage angehängt sein.

An den Waagschalen zur Ausgleichung angebrachtes Metall muß stets fest angelöthet oder angeschraubt sein.

Hölzerne Waagschalen müssen gehörig starke Metallbeschläge haben.

Waagschalen, welche irgend welche Beschädigungen, wie Risse, Splitter, Löcher &c. zeigen, sind unzulässig.

Die Gehänge der Waagschalen sollen in der Regel aus Ketten bestehen, deren Glieder nicht leicht getrennt werden können. Schnurgehänge sind nur bei den kleinsten gleicharmigen Handwaagen gestattet.

Alle Waagen ohne Ausnahme sollen mit einer gehörig starken, mit dem Waagbalken dauerhaft verbundenen Zunge oder mit einem deren Stelle vertretenden Zeiger versehen sein. Auch muß die Stellung der Zunge oder des Zeigers, welche im Gleichsgewichtszustande der Waage eintreten soll, gehörig kenntlich gemacht sein. Bei Waagbalken, welche in der Scheere hängen, kann diese, sofern sie das Zungenspiel nicht verdeckt, die normale Richtung der Zunge anzeigen.

In allen anderen Fällen ist ein Gegenzeiger oder mindestens eine deutlich ersichtliche Marke erforderlich. Waagen mit verbogenen, beschädigten oder nicht gehörig befestigten Zungen oder Zeigern dürfen zur Verification nicht angenommen werden.

Alle Schneiden und Pfannen der Waagen müssen aus gehärtetem Stahle bestehen, und an den beiderseitigen Berührungsstellen gehörig geglättet sein. Die erstere Eigenschaft läßt sich mit einer feinen Feile erproben.

Die Kante einer Schneide soll nahezu scharf, jedoch auch nicht messerartig schneidend sein.

Die Kanten aller einem Balken oder Hebel angehörigen Schneiden sollen stets zur Mittelebene senkrecht, demnach unter sich parallel sein. Auch sollen dieselben wenigstens nahezu in derselben Ebene liegen. Waagen, deren Balken oder Hebel Verbiegungen wahrnehmen lassen, sind durchaus unstatthaft. Wo zwei Schneidenkanten gemeinsam eine Achse bilden oder zu einer Unterstützung dienen, müssen beide genau in einer graden Linie liegen.

Zur Prüfung hinsichtlich der letzteren Erfordernisse genügt ein geübtes Augenmaß, indem die Entscheidung bezüglich der Tauglichkeit einer Waage wesentlich durch das Ergebniß der Richtigkeit- und Empfindlichkeitsprobe bedingt ist.

Die Unterstützung jedes Waagbalkens sowie der Hebel bei zusammengesetzten Waagen soll stets waagrecht sein. Verbiegungen der Scheeren, welche stets eine unrichtige Lage der Unterstützungspfannen verursachen, sind nicht zu dulden.

Die Schneiden sollen nur mit ihren scharfen Kanten die Pfannen berühren, und dürfen anderen Reibungen nicht ausgesetzt sein. Zur Verhütung seitlicher Reibungen zwischen Schneiden und Pfannen muß stets durch die Construction Vorsorge getroffen sein.

§ 20.

Die gleicharmigen Waagen werden bezüglich des Grades der von ihnen zu fordernden Genauigkeit nach zwei Classen unterschieden. (S. § 21 der allerh. Verordnung vom 14. September 1869.)

Auf oberschalige oder Tafelwaagen findet dieselbe Unterscheidung Anwendung. (S. § 24 der genannten königl. Verordnung.)

Schnellwaagen und Brückenwaagen müssen einen Genauigkeitsgrad gleich dem der oben bezeichneten Wagen zweiter Classe besitzen. (S. § 22 und 23 der kgl. Verordnung.)

Der Verificator hat darüber zu wachen, daß in allen Fällen, in welchen Waagen von höherer Genauigkeit durch die allerh. Verordnung vom 14. Septbr. 1869 vorgeschrieben sind, solche auch verwendet und der Eichung unterstellt werden.

Für die Richtigkeits- und Empfindlichkeitsprobe der gewöhnlichen Waagen (Waagen erster Classe) ist ein Zulagegewicht von 1 Gramm auf jedes Kilogramm der gemäß der Tragfähigkeit aufzulegenden Belastung in Anwendung zu bringen.

Bei den Waagen von höherer Genauigkeit (Waagen zweiter Classe) beträgt dieses Zulagegewicht $^1/_2$ Gramm pro Kilogramm der Maximalbelastung.

Bei jeder Untersuchung einer Waage hat der Verificator die im § 14 dieser Instruction unter Nr. 1 bis 3 verzeichneten Regeln zu beobachten.

§ 21.

Gleicharmige Waagen mit Scheeren sind zur Ausführung der Probe derart aufzuhängen, daß der Balken sammt den Waagschalen frei schwingen kann. Stativwaagen sind fest und derart aufzustellen, daß die Mittelschneide des Balkens horizontale Lage hat, und die Zunge gegen die Marke oder den Gegenzeiger genau einsteht.

Jede Probe erfordert folgende Operationen:

1) Es ist der bloße, auch der Waagschalen entledigte, Balken in sanfte Schwingungen zu versetzen.

Hierbei soll die Zunge ein regelrechtes (ruhiges)

Spiel, ohne Zuckungen zeigen, zu beiden Seiten der die Gleichgewichtslage anzeigenden Scheere oder der Marke gleichweit ausschlagen, und schließlich richtig einspielen.

2) Der Balken ist mit den Waagschalen zu versehen, und ohne Belastung derselben schwingen zu lassen.

3) Dieselbe Operation ist mit umgewechselten Waagschalen zu wiederholen.

In beiden Fällen 2) und 3) soll wie im ersten Falle ein ruhiges Spiel und richtiges Einstellen stattfinden.

4) Beide Waagschalen sind mit richtigen Gewichten im Betrage der Maximalbelastung zu belegen, die Waage ist abermals in sanfte Schwingung zu bringen.

Auch hierbei sollen die oben beschriebenen Erscheinungen beobachtet werden.

Ergiebt sich, daß die Zunge nicht vollkommen genau einspielt, so muß die Zufügung des im vorigen § erörterten Zulagegewichtes in die Schale jenseits des Ausschlages mindestens das Gleichgewicht herstellen. Hiedurch ist die genügende Richtigkeit der Waage constatirt.

Das Zulagegewicht ist in jedem Falle, auch wenn die Waage richtig einspielt, der Belastung einseitig beizufügen, und muß dann einen deutlich bemerkbaren Ausschlag der Zunge erzeugen, wodurch die genügende Empfindlichkeit der Waage constatirt ist.

Vermittelst der letzteren Operationen wird zugleich der Nachweis der Tragfähigkeit geliefert, indem eine überlastete Waage stets unrichtig, oder wenigstens der nöthigen Empfindlichkeit verlustig wird.

Mit den Waagen zweiter Classe ist noch eine weitere Operation vorzunehmen, nämlich:

5) Sind die Belastungen der Waagschalen umzuwechseln. Das Zulagegewicht soll auch dann noch mindestens das Gleichgewicht herstellen.

Gleicharmige Waagen, welche bei irgend einer der bezeichneten Operationen den Anforderungen nicht genügen, sind von der Verification zurückzuweisen.

§ 22.

Die oberschaligen oder Tafelwaagen unterliegen, nachdem sie fest und annäherungsweise horizontal aufgestellt worden, genau derselben Probe wie die gleicharmigen Waagen. Bei den unter Nr. 4 und beziehungsweise Nr. 5 erklärten Operationen ist hier aber ferner erforderlich, daß die Belastungen auf den Waagschalen mehrmals in möglichst verschiedene Lagen gebracht werden, wobei sich die Waagen unveränderlich als im vorschriftsmäßigen Grade richtig und empfindlich zeigen müssen.

§. 23.

Bei den römischen oder Schnellwaagen hat der Verificator, ehe er die Probe vornimmt, bezüglich folgender Punkte Untersuchungen anzustellen:

a) Es ist zu ermitteln, ob die Waagschale oder das dieselbe vertretende Gehäng der Bestimmung des § 22, Nr. 5 der allerhöchsten Verordnung vom 14. September 1869 entspricht, wozu deren Wägung auf einer anderen richtigen Waage erforderlich ist.

b) Ebenso ist zu prüfen, ob das Laufgewicht nebst seiner Hülse den Bestimmungen der Nr. 6, 7, 8 und 11 desselben § der k. Verordnung genügt, wozu auch diese Theile zu wägen sind.

c) Die Abstände der Theilstriche, welche nicht weniger als 3 Millimeter betragen sollen, sind in zweifelhaften Fällen nachzumessen. Die Gleichmäßigkeit der Theilung bedarf dagegen nur der Prüfung durch das Augenmaß. Wo dieselbe zweifelhaft erscheint, ist die nachfolgende Probe auf eine größere Anzahl der Theilstriche auszudehnen.

Zur Ausführung der Probe einer Schnellwaage ist dieselbe so aufzuhängen, daß sie frei zu schwingen vermag.

Die Probe umfaßt folgende Operationen:

1) Der Balken ist einerseits mit der leeren Schale oder dem an deren Stelle dienenden Gehänge zu belasten, anderseits ist das Laufgewicht auf den mit 0 bezeichneten

ersten Theilstrich einzustellen und die Waage in sanfte Schwingungen zu versetzen.

Hierbei soll ein ruhiges Spiel stattfinden, die Zunge einen gleichmäßigen Ausschlag nach beiden Seiten der Scheeren ergeben und sich schließlich richtig einstellen.

2) Das Laufgewicht ist auf den äußersten Theilstrich zu stellen, und die Waagschale mit richtigen Gewichten von dem durch die Bezeichnung angegebenen Betrage zu belasten.

Auch hierbei soll der Balken regelrecht schwingen und die Zunge gehörig einspielen. Findet letzteres nicht vollkommen genau statt, so muß ein Zulagegewicht, im Betrage von $\frac{1}{1000}$ der Belastung, welches entweder der Belastung zugefügt, oder in gleichem Abstande wie diese von der Achsenschneide auf der getheilten Seite des Balkens, vermittelst eines Fadens angehängt wird, mindestens das mangelnde Gleichgewicht herstellen.

Das Zulagegewicht soll in jedem Falle, auch wenn die Waage richtig einspielt, der Belastung zugefügt werden, und muß dann zum Nachweis der genügenden Empfindlichkeit einen deutlich wahrnehmbaren Ausschlag der Zunge bewirken.

3) Ist das Laufgewicht, sofern die Theilung gleichmäßig erscheint, auf mindestens drei, zwischen dem innersten und äußersten beliebig zu wählenden, Theilstrichen einzustellen und durch Belastungen in den zugehörigen Beträgen in's Gleichgewicht zu bringen. Spielt hierbei die Zunge merklich unrichtig ein, so ist vermittelst Zulagegewichten, die $\frac{1}{1000}$ der jeweiligen Belastung zu betragen haben, die Richtigkeitsprobe anzustellen.

Bei Schnellwagen, deren Theilung ungenau scheint, soll diese Probe auf eine größere Anzahl Theilstriche ausgedehnt werden, wozu besonders diejenigen auszuwählen sind, welche Zweifel erregen.

Schnellwagen, welche zwei Theilungen besitzen, müssen für beide den vorstehend beschriebenen Operationen unterworfen werden. Gewöhnlich hat die Theilung für die schwereren Lasten keinen mit Null bezeichneten Strich, wobei dann die sub Nr. 1 erörterte Operation wegfällt.

Schnellwagen, welche sich bei der Untersuchung als fehlerhaft beschaffen ergeben, und solche, welche bei irgend einer der zur Probe gehörigen Operationen den Anforderungen nicht genügen, sind von der Verification zurückzuweisen.

§ 24.

Die Decimal-Brückenwaagen hat der Verificator vor der Probe noch folgenden besonderen Untersuchungen zu unterwerfen:

a) Es ist zu prüfen, ob die Theile des Gestelles mit einander gehörig dauerhaft und unwandelbar verbunden sind. Ganz besonders soll der Ständer, auf dem der Waagbalken ruht, am unteren Rahmen solid befestigt sein.

b) Ferner ist das Augenmerk darauf zu richten, daß die Brücke ebenso wie die Waagschale, sofern sie aus Holz hergestellt sind, gut mit metallenen Bändern beschlagen sein müssen, und daß die Brücke nebst ihrem Rahmen und der Rückwand ein solid verbundenes Ganzes zu bilden hat.

c) Der Verificator hat sich im Weiteren davon zu überzeugen, daß die Brückenwaage, gemäß den Bestimmungen des § 23 der kgl. Verordnung vom 14. September 1869, ad Nr. 4 und 5, mit einem richtig zeigenden Loth und einem, seinen Zweck erfüllenden Regulator versehen ist.

d) Endlich ist bei jeder Brückenwaage auch eine Abstellvorrichtung, durch welche der Arm des Waagbalkens, an dem die Waagschale hängt, gehoben werden kann, so daß das Niedersenken der Brücke auf feste Unterstützungen am Gestell erfolgt, zur Verhütung von Beschädigungen der Waage beim Auflegen der Lasten, durchaus erforderlich. Diese Vorrichtung ist demnach ebenfalls zu controliren.

Zur Probe einer Decimal-Brückenwaage hat, nachdem dieselbe horizontal und fest aufgestellt worden, folgendes Verfahren in Anwendung zu kommen:

1) Der Waagbalken ist ohne Belastung der Waage in sanfte Schwingungen zu versetzen.

Hierbei soll sich ein ruhiges Spiel der bewegten Theile ohne Zucken und irgendwelches Anstreifen zeigen. Der

Zeiger soll zu beiden Seiten des Gegenzeigers einen ziemlich gleichen Ausschlag ergeben und schließlich richtig einstehen.

2) Nach Angabe der Tragfähigkeitsbezeichnung ist die Brücke mit Gewichten zu belasten, desgleichen die Waagschale, letztere im Betrage von $\frac{1}{10}$ der ersteren.

Findet hierbei ein vollkommen genaues Einspielen des Zeigers nicht statt, so muß dieses mindestens durch ein Zulagegewicht zur Belastung der Brücke oder Waagschale, im Betrage von $\frac{1}{1000}$ der bezüglichen Belastungen, bewirkt werden.

Es ist jedoch ferner nothwendig, daß die Belastung der Brücke an verschiedene Stellen derselben, sowohl in die Mitte, als auch möglichst einseitig aufgesetzt werde, wobei sich in keinem Falle ein Fehler ergeben darf, welcher die vorstehend bezeichnete Grenze überschreitet.

Die Empfindlichkeitsprobe ist mit dem Zulagegewicht wie bei anderen Waagen anzustellen.

In Ermangelung einer genügenden Anzahl von Gewichten, ist es gestattet, für die Empfindlichkeitsprobe andere geeignete Lasten im Betrage der Maximalbelastung zu verwenden, welche durch richtige Gewichte auf der Waagschale ins Gleichgewicht zu bringen sind.

Zur Richtigkeitsprobe dürfen aber ausschließlich wirkliche, als richtig erprobte Gewichte angewendet werden.

Sofern die Empfindlichkeitsprobe ganz befriedigende Resultate geliefert hat, darf bei Brückenwaagen von größerer Tragfähigkeit die Richtigkeitsprobe mit einer geringeren Belastung als der größtzulässigen ausgeführt werden. Dieselbe soll jedoch in allen Fällen mindestens ein Fünftheil der Maximalbelastung betragen.

Decimal-Brückenwaagen, deren Beschaffenheit und Einrichtung fehlerhaft oder unvollständig ist, und solche, welche die Probe nicht vorschriftsgemäß bestehen, sind von der Verification auszuschließen.

§ 25.

Die Centesimal-Brückenwaagen sind theils transportabel, theils mauerfest.

Für die Untersuchung und Probe der ersteren haben alle im vorigen § gegebenen Anleitungen ebenfalls Geltung. Nur beträgt selbstverständlich die Belastung der Waagschale $\frac{1}{100}$ von derjenigen der Brücke.

Auch die mauerfesten Centesimalwaagen müssen im Wesentlichen den gleichen Anforderungen wie die transportablen Decimalwaagen genügen; jedoch ist bei denselben das Loth entbehrlich.

Die Empfindlichkeitsprobe ist bei den letztgenannten Waagen stets auch mit der Maximalbelastung vorzunehmen. Sofern dieselbe ein vollkommen befriedigendes Resultat ergiebt, genügt dann für die Richtigkeitsprobe eine Belastung von einem Zehntheil der Maximalbelastung.

§ 26.

Die Waagen aller Gattungen erhalten den Verificationsstempel auf Plomben, welche vermittelst Drahtöhren derartig anzubringen sind, daß sie die Function der Waagen in keiner Weise behindern. Auch soll jede Plombe so angelegt werden, daß ihre Beseitigung nicht geschehen kann, ohne daß entweder sie selbst oder der zur Verbindung dienende Draht zerstört, oder ein Theil der Waage bemerkbar alterirt werde.

Bei gleicharmigen Waagen mit Scheeren und bei Schnellwaagen läßt sich die Anbringung der Plombe meistens geeignet an der Scheere, bei Stativwaagen am Stativ und bei Tafelwaagen am Gestell bewerkstelligen. Bei Brückenwaagen kann die Plombe an dem Ständer, welcher den Waagbalken trägt, angehängt werden.

Wenn sich bei einer Waage ein Theil von passender Form und Beschaffenheit zur Anlegung der Plombe nicht vorfindet, kann der Verificator verlangen, daß ein von ihm zu bezeichnender Theil der Waage mit einem Loche zum Einhängen des Drahtöhres versehen werde.

Zur Herstellung der Plomben hat sich der Verificator einer Gießzange, und zur Prägung derselben einer Plombirpresse zu bedienen, welche Werkzeuge derselbe von der Normal=Eichungscommission zu beziehen hat.

Außerdem bedarf der Verificator zum Gießen der Plomben einen Gießlöffel, dann zum Abtrennen des Drahtes eine Beißzange und zum Zusammendrehen desselben eine Flachzange.

Ausgeglühten Eisendraht von angemessener Stärke und gegossene Plomben soll der Verificator vorräthig halten.

Beim Pressen der Plomben ist sorgfältig darauf zu achten, daß die schraubenförmigen Windungen des Drahtes unlösbar fest vom Blei umschlossen werden.

Die Laufgewichte der Schnellwaagen bedürfen noch der besonderen Stempelung. Diese hat ebenso wie bei anderen Gewichten auf der Oberfläche des Bleipfropfes zu geschehen, welcher die zur Justification dienende Oeffnung verschließt.

G. Ueber die Benützung der Stempel.

§. 27.

Zu allen auszuführenden Stempelungen sind folgende Stempel zu verwenden, welche der Verificator zu Anfang jedes Jahres von der Normal-Eichungscommission empfängt:

1) Zwei Stempel mit achteckiger Fläche von verschiedener Größe. Beide enthalten das Wappen, die Jahreszahl und die Nummer des Verificators.

2) Drei Stempel mit runder Fläche von verschiedener Größe. Die zwei größeren sind ebenfalls mit dem Wappen, der Jahreszahl und der Nummer des Verificators versehen, der kleinste enthält nur Wappen und Jahreszahl.

3) Zwei Stempel von conischer Form, zur Plombirpresse gehörig, der eine das Wappen, der andere die Jahreszahl und die Nummer des Verificators enthaltend.

Die Stempel mit achteckigen Flächen sollen für die Längenmaße, Flüssigkeitsmaße und die Maße für trockene Gegenstände benützt werden.

Die Stempel mit runden Flächen sind allein für die Gewichte, einschließlich der Laufgewichte von Schnellwaagen, zu verwenden, und zwar der größte in allen Fällen, wo dazu der Raum vorhanden ist, und der kleinste nur für die kleinsten Gewichte.

Im Falle des Bedarfes weiterer Exemplare von Stempeln hat der Verificator dieselben nur von der Normal-Eichungscommission zu beziehen. Zum Aufschlagen der Stempel braucht der Verificator zwei verschieden schwere Hämmer von etwa 300 und 600 Gramm Gewicht.

H. Ueber die Unterhaltung der Geräthschaften zur Verification.

§ 28.

Der Verificator ist für den completen Bestand und für die gehörige Unterhaltung der ihm zur Benützung überlassenen Inventargegenstände verantwortlich.

Derselbe ist verbunden, auch die auf eigene Kosten zu beschaffenden Geräthschaften jederzeit vollständig und in brauchbarem Zustande in Bereitschaft zu halten, und hat sich der durch die Normal-Eichungscommission zeitweilig anzuordnenden Controle zu unterziehen.

J. Transitorische Bestimmung über die Vornahme der Verification bis zum Jahre 1872.

§ 29.

Bis zum Ende des Jahres 1871 beschränkt sich die Verification auf die im öffentlichen Verkehre in Benützung kommenden metrischen Maße und Gewichte und auf diejenigen Waagen, welche dem Verificator freiwillig oder in Folge bestehender Anordnungen zur Eichung übergeben werden.

Der Verificator hat aber darüber zu wachen, daß die bis zu dem bezeichneten Zeitpunkte im öffentlichen Verkehre angewendeten metrischen Maße und Gewichte auch wirklich der Verification unterstellt werden.

Bei deren Ausführung soll derselbe jetzt schon pünktlichst den Bestimmungen der allerh. Verordnung vom 14. September 1869, sowie den Anleitungen gegenwärtiger Instruction nachkommen, und vorschriftswidrige Gegenstände unnachsichtlich zurückweisen, wobei jedoch anderseits jede zur Ertheilung von Belehrungen sich darbietende Gelegenheit thunlichst zu benützen ist.

www.ingramcontent.com/pod-product-compliance
Lightning Source LLC
LaVergne TN
LVHW042249300926
849161LV00003B/525